이화여자대학교 이화어린이연구원 총서 1

영유아교육기관에서의 일상생활 지도

독립적인 시민으로 키우기 위한 교육의 첫걸음

| 이화여자대학교 이화어린이연구원 편 |

도서출판 파란마음

머리말

독립적인 인간으로서의 역할을 수행하기 위해 갖추어야 할 태도, 지식, 기술, 능력은 매우 많습니다. 그 중 하나는 일상생활을 스스로 영위할 능력입니다. 스스로 먹고, 씻고, 입고 벗고, 정리하는 것은 성인에게는 매우 쉬운 것이어서 노력이나 생각할 필요 없이 거의 기계적으로 할 수 있습니다. 반면, 태어난 직후에는 일상생활의 모든 측면을 성인에게 의지해야 했던 영유아가 일상생활을 스스로 하기까지는 많은 시간과 주변의 도움이 필요합니다. 영유아가 생활하는 기관에서는 교사가 교육을 통해 도움을 제공합니다.

영유아가 유치원 또는 어린이집에서 보내는 기간은 1~5년까지 다양합니다. 각 연령에서 교사는 영유아가 스스로 일상생활을 영위할 수 있도록 지도합니다. 그러나 많은 교사가 학기 초 적응기간에만 신경써서 지도하기도 하고, 지도하는 영유아의 발달 특성이나 개인적 성향을 고려하지 않은 채 일괄적으로 지도하기도 하고, 다른 연령과의 연계 없이 지도하기도 합니다.

이화어린이연구원은 만 1세부터 만 5세 영유아가 종일제로 생활하며 교육받는 환경이고 연령 내에서 뿐만 아니라 연령 간 연계도 매우 활발하게 이루어지고 있습니다. 이 책에 실린 일상생활 지도 내용은 모든 교사의 실천적 지식과 발달 및 교육에 관한 이론적 지식이 융합된 결과물입니다. 특히 본 서에서는 영유아가 일상생활에서의 자조 기술을 발달시키는 데 필요한 환경과 교사의 지원 방법뿐만 아니라 사회 · 문화적 태도와 지식도 강조하고 있습니다.

일상생활에서의 자조 기술 발달이 영유아가 독립적인 인간으로 성장하는 데 중요한 기초가 된다는 것을 알고 적극적으로 지원하길 원하는 많은 선생님께 이 책이 도움이 되길 바랍니다. 다만 이 책의 내용을 그대로 적용하기보다는 지도하는 영유아의 발달, 개인적 성향, 그리고 기관의 철학을 고려하여 최적의 조합을 찾는 지혜를 선생님께서 발휘하시길 바랍니다.

이화어린이연구원을 대표하여
원장 김희진

차례

급식 및 간식 지도

손 씻기 지도

이 닦기 지도

옷 입고 벗기 지도

배변 훈련 및 용변 처리 지도

| 자조 기술(self-help skills)의 정의와 중요성 |

자조 기술은 영유아가 일상생활을 스스로 하는 데 필요한 기술을 의미합니다. 영유아가 일상생활을 스스로 할 수 있다는 것은 교사의 업무가 경감된다는 것 이상의 의미가 있습니다.

● **자조 기술의 발달은 영유아가 독립적인 인간이 되는 데 필수적입니다.**

영유아가 성인이 되어 자신이 사는 사회에 기여하는 독립적인 인간으로 성장하기 위해서는 중요한 지식, 기술, 태도를 갖춰야 합니다. 자조 기술도 인간 발달의 초기에 독립적인 인간이 되기 위해 갖춰야 하는 기술 중 하나입니다. 영유아의 자조 기술이 점진적으로 발달하면서 교사의 도움과 지원도 이에 따라 감소하기 때문에 결국 스스로의 일상생활을 영위할 수 있는 독립적인 어린이로 성장하게 됩니다.

● **자조 기술의 발달은 긍정적 자아 개념을 갖는 데 필수적입니다.**

긍정적 자아 개념은 자신에 대한 긍정적 상을 갖고 있다는 의미입니다. 긍정적 자아 개념은 영유아가 다양한 경험과 시도에 즐겁게 참여하고 그 과정에서 성취감을 느꼈을 때 생깁니다. 영유아는 한 번의 시도에서 성취감을 느낄 수도 있지만 매일의 반복되는 과정에서 조금씩 향상되는 것을 느끼면서 더 많은 성취감을 느끼기도 합니다. 자조 기술의 발달은 매일의 일상생활을 하는 과정에서 점진적으로 이루어지기 때문에 영유아가 긍정적인 자아 개념을 갖도록 하는 데 큰 기여를 합니다.

● **자조 기술의 발달은 책임감과 자기 조절능력의 발달에 필수적입니다.**

영유아를 가르치는 교육 · 보육 기관에서의 자조 기술 발달은 개인적 맥락보다는 집단적 맥락에서 이루어집니다. 물론 개인 영유아의 특성을 고려하여 어떤 자조 기술을 언제부터 어떤 방식으로 지도할 것인지 결정하지만, 그것도 한 학급이라는 집단의 맥락에서 이루어집니다. 영유아의 연령이 증가하면서 개인에게 주어지는 역할(예 기저귀 찾아오기, 옷을 제자리에 걸기, 급식 및 간식 차리고 정리하기 등)을 하는 과정에서 자신과 학급의 다른 또래에 대한 책임을 완수하게 됩니다. 또한 지금 하고 싶지 않은 것(예 특정 음식 먹기, 제자리에서 먹기 등)이 있더라도 해야 하는 이유를 이해하거나 하려고 노력하는 과정에서 자기 조절능력도 발달합니다.

● **자조 기술의 발달은 그 사회의 삶의 양식을 학습하는 데 필수적입니다.**

어린이가 자조 기술을 갖게 된다는 것은 타인의 도움을 받지 않고 일상생활을 할 수 있다는 의미이기도 하지만 사회에서 받아들여지는 삶의 양식을 학습한다는 의미이기도 합니다. 예를 들면 어른이 먼저 식사를 시작할 때까지 기다리기, 소리 내지 않고 음식 씹기, 바로 앉아서 먹기, 부탁받으면 음식 전달하기, 적당한 목소리로 이야기하며 먹기 등과 같은 식사할 때 지켜야 하는 예절은 그 시대, 그 사회의 삶의 양식이 반영된 것입니다. 교사는 영유아가 일상생활과 관련된 자조 기술의 기술적 측면뿐만 아니라 태도와 지식적 측면도 습득할 수 있도록 지원해야 합니다.

| 영유아 교육 · 보육 기관에서 지도해야 할 자조 기술(self-help skills) |

영유아를 가르치는 교육 · 보육 기관에서 길러주어야 할 자조 기술은 기관에서 생활하는 데 필요한 기술입니다. 크게 스스로 먹기(급식 및 간식), 씻기(손 씻기 및 이 닦기), 입기(옷 입기, 벗기 및 정리하기), 낮잠 및 휴식(침구 펴기 및 정리하기), 용변 후 뒤처리하기(배변 훈련 및 용변 처리), 치우기(놀이 후 정리 · 정돈)로 나눌 수 있습니다. 또한 기관의 운영 시간에 따라 낮잠용 침구 정리하기가 추가됩니다.

이 책에서는 위에 언급한 기술을 7개의 분야로 세분화하고 전이를 더해 8개 분야로 나눠 교사가 지도하는 방법을 기술합니다. 전이는 영유아가 습득해야 할 자조 기술은 아니지만, 교사가 한 활동에서 다른 활동으로, 한 장소에서 다른 장소로의 전이를 어떻게 지원하느냐에 따라 영유아의 일상생활이 순조롭고 편안해지기 때문에 포함하고자 합니다.

- ■ 급식 및 간식
- ■ 손 씻기
- ■ 이 닦기
- ■ 옷 입고 벗기
- ■ 배변 훈련 및 용변 처리
- ■ 낮잠 및 휴식
- ■ 정리 · 정돈
- ■ 전이

| 자조 기술(self-help skills) 지도 시 고려할 사항 |

영유아가 스스로 일상생활을 영위하는 데 필요한 기술을 갖는 것은 영유아 입장에서는 힘든 일입니다. 태어나서부터 성인이 전적으로 먹여 주고, 재워 주고, 씻겨 주고, 입혀 주거나 벗겨 주고, 치워 주었는데 어느 순간부터 매일 영유아 스스로 하도록 요구 받습니다. 영유아에게 이런 일은 재미없고 힘들고 하기 싫은 일이 될 수 있습니다. 교사는 영유아가 조금씩 자신의 능력에 맞게 참여하고, 성취감과 즐거움을 느낄 수 있도록 도와주는 것이 중요합니다.

- **영유아의 능력에 대한 신뢰를 갖는 것이 중요합니다.**

  영유아는 아주 어린 시기부터 다양한 일상생활에 주도적으로 참여할 수 있는 능력이 있습니다. 교사가 만 2세가 되기 전까지는 '아기'라고 생각하여 많은 것을 해주다가 만 3세가 되면 갑자기 컸다고 생각하여 많은 것을 스스로 하도록 요구하는 경우도 종종 있습니다. 스스로 할 수 없는 아주 어린 영아라도 교사가 일상생활을 위해 하는 다양한 행동(예 "기저귀 가지러 가자.", "금방 우유병 준비해 올게.")에 대한 묘사를 해주는 것이 중요합니다. 왜냐하면 영아가 조금 더 성장해서 교사와 함께 자신의 기저귀 보관 바구니에 가서 손으로 가리키거나 같이 꺼내는 것도 영아가 그 시기에 가진 능력을 활용해서 참여하는 것이기 때문입니다. 교사는 영유아가 그 시기에 할 수 있는 것과 없는 것을 파악하여 최대한 참여하도록 격려해야 합니다.

● 영유아의 전반적인 발달을 고려하여 지도 계획을 세웁니다.

일상생활에 필요한 자조 기술의 수준은 영유아의 신체, 인지, 언어, 사회, 정서 발달 수준과 밀접한 관련이 있습니다. 젓가락을 사용하기 위해서는 눈과 소근육의 협응 능력과 얇은 물체를 쥐는 힘이 있어야 하고, 배변 훈련을 시작하기 위해서는 생리적 신호를 감지하고 표현하는 능력, 화장실에 갈 때까지 참는 능력, 옷을 내리거나 올리는 힘과 조절 능력이 있어야 합니다. 자신이 먹은 식판을 치우기 위해서는 먹을 때 사용하는 도구(예 숟가락), 식판, 컵을 떨어뜨리지 않고 들 수 있는 조절 및 협응 능력, 같은 종류끼리 나누어 놓을 수 있는 분류 능력, 식판의 방향을 맞출 수 있는 모양에 대한 인식 능력 등이 있어야 합니다. 교사가 영유아에게 일상생활의 각 분야에서 어떤 시기에 어떤 수준으로 참여하게 할지 판단하기 위해서는 영유아의 발달 상태에 대한 이해가 선행되어야 합니다. 본 서에서는 영유아의 일반적 발달을 고려하여 어떻게 지도할 수 있는지를 상세히 안내하고 있습니다.

● 특정한 날 영유아의 기분이나 상태를 고려합니다.

영유아는 정서 상태에 따라 어제까지 할 수 있고 즐겁게 했던 일도 하지 않겠다고 고집부리기도 합니다. 스스로 먹고, 씻고, 입고, 신고, 치우는 일은 매일 하는 일이기 때문에 더욱 하기 싫어집니다. 만 4세 또는 5세 유아는 정서 상태의 영향을 상대적으로 적게 받지만, 연령이 어릴수록 자신의 감정을 조절하는 능력이 아직 충분히 발달한 상태가 아니기 때문에 교사에게 해달라고 하기도 합니다. 교사는 영유아의 기분이나 신체적 상태를 고려하여 융통적으로 지도할 수 있어야 합니다.

● 학급에서 지내는 1년 또는 그 기관에서 지내는 1~5년의 장기적 관점에서 지도합니다.

학기 초 적응기간에 일상생활에 대한 오리엔테이션을 하는 경우가 많기 때문에 적응기간 내에 그 연령의 영유아에게 기대하는 수준을 영유아가 모두 달성하도록 '밀어붙이는' 경우가 있습니다. 영유아는 서서히 발달합니다. 신체, 인지, 언어, 사회, 정서 발달이 이루어져야 일상생활에 필요한 자조 기술도 발달합니다. 단기적 관점보다는 중장기적 관점에서 서서히 자조 기술을 갖도록 지도하는 것이 중요합니다. 서서히 영유아의 능력에 맞게 지도해야 스트레스를 받지 않고 일상생활에 참여할 수 있습니다.

● 스트레스보다는 성취와 보람을 느끼도록 지도합니다.

영유아의 자조 기술은 성인의 관점에서 볼 때는 언제나 부족합니다. 만 5세 유아라 할지라도 바로 앉아서 흘리지 않고 먹기 어렵고, 끈 있는 신을 잘 묶어 신기도 어렵고, 낮잠 잔 후 이불을 정확히 잘 개기도 어렵습니다. 만 1세 이하의 영아는 말할 것도 없습니다. 부족한 기술을 보완하도록 하는 것이 교사의 역할이기 때문에 칭찬과 격려보다는 지적하기 쉽습니다. 그러나 영유아 입장에서는 못했던 것을 하게 되었는데 숨 돌릴 틈도 주지 않고 더 잘하라고 다그침 당하는 기분일 수 있습니다. 교사는 영유아가 성취한 것에 대한 인정과 격려를 더 많이 해주고 조금씩 발전할 수 있게 지도하여 영유아가 스트레스를 느끼지 않도록 배려해야 합니다.

● 기술뿐만 아니라 습관, 지식, 태도도 기를 수 있도록 지도합니다.

영유아가 일상생활을 스스로 하는 데는 적절한 기술이 필요합니다. 예를 들면 순가락, 포크, 젓가락을 사용하는 기술이 있어야 식사를 혼자서 할 수 있습니다. 화장지를 적절히 자르고 접거나 단추와 지퍼를 열거나 채울 수 있어야 용변을 제대로 볼 수 있습니다. 일상생활에 필요한 기술은 신체 조절하기(예 소변이 찬 신호 알아차리기, 화장실 갈 때까지 참기)나 소근육 발달 및 협응(예 단추 열기)과 같은 신체발달과 관련 있는 경우가 많습니다.

그러나 영유아가 일상생활을 잘 영위하기 위해서는 일상생활 각 영역에 필수적인 지식, 습관, 태도도 함께 갖추어야 합니다. '먹기' 라는 일상생활에는 스스로 먹는 능력뿐만 아니라 건강하게 먹는 습관(예 적당량 먹기, 골고루 먹기)과 식사 시 갖추어야 하는 사회적 태도(예 소리 내지 않고 씹기, 어른이 식사 시작한 후 먹기)도 가져야 합니다. 교사는 각 일상생활에 필요한 자조 기술을 포괄적 관점에서 보고 지도하는 것이 중요합니다.

급식 및 간식 지도

- 급식 및 간식 지도에 대한 이해
  - 목표
  - 연령별 지도와 유의점

급식 및 간식 먹기에 적절한 환경
- 급식 및 간식 장소
- 배식 준비
- 청결한 배식을 위한 환경
- 식탁
- 정리대

스스로 급식 및 간식 먹는 능력 기르기
- 식탁 소독
- 상 차리기
- 식사도구(숟가락, 포크, 젓가락) 사용
- 치우기
- 식탁 배치
- 먹기

건강하게 먹는 습관 기르기
- 건강하게 먹는 습관 기르기

식사에 대한 사회적 의미 이해하기
- 남기지 않고 먹기(먹을 만큼 덜기)
- 앉아서 먹기
- 바로 앉아서 먹기
- 음식을 입에 넣고 말하지 않기
- 적당한 목소리로 말하며 먹기

급식 및 간식 지도에 대한 이해

목표

급식 및 간식 지도는 스스로 먹는 능력 기르기, 건강하게 먹는 습관 기르기, 식사에 대한 사회적 의미를 이해하게 하는 세 가지 목표를 가지고 진행한다.

① 스스로 먹는 능력 기르기
식사 준비부터 치우기의 모든 과정을 스스로 할 수 있는 능력

② 건강하게 먹는 습관 기르기
적당량의 음식을 편식하지 않고 먹는 습관

③ 식사에 대한 사회적 의미 이해하기
함께 식사하는 즐거움과 식사 시 지켜야 하는 사회적 예절(예 소리 내지 않고 음식 씹기, 바로 앉기, 팔 괴지 않고 앉기, 적당한 목소리로 이야기하기, 부탁 받으면 음식 전달하기 등)을 이해하고 실천하는 능력

연령별 지도와 유의점

급식 및 간식 지도의 최종 목표를 달성하기 위해 교사는 다음과 같은 연령별 특성을 고려하여 지도한다.

만 1세

특성

- 스스로 먹는 능력, 건강하게 먹는 습관, 식사에 대한 사회적 의미 이해가 형성되는 초기 단계이다.

교사의 역할

- 교사가 식사 준비부터 치우기의 전 과정을 맡아서 지도한다.
- 손가락 대신 숟가락이나 포크로 먹어보기, 혼자서 먹는 시도하기, 교사가 먹여 주면 협조하도록 지도한다.
- 매일 일정한 시간에 급식 및 간식을 실시함으로써 일정한 시간이 되면 먹는다는 것을 이해하도록 지도하고, 적당량의 음식을 골고루 먹도록 개별 영아에 맞춰 지도한다.
- 교사가 부르면 돌아다니다 앉기, 앉아서 먹기 등 기본적인 식사 예절을 지도한다.

만 2세

특성

- 스스로 먹는 능력이 급속히 발달하나 많이 흘리고 먹기 때문에 교사의 지도가 필요하다.

- 적당량의 음식을 먹는 습관이 편식하지 않는 습관보다 빨리 발달한다.
- 식사에 대한 사회적 의미를 이해하기 시작하는데, 특히 식사는 같은 시간에 교사와 또래와 함께 일정한 절차를 거쳐 하는 것임을 이해한다.

교사의 역할

- 식사 전 손 씻기나 식사 후 식판, 식기, 수저와 포크를 정리하는 과정에 참여하도록 지도하고 숟가락과 포크를 바로 사용하는 법을 지도함으로써 흘리지 않고 먹을 수 있도록 한다.
- 영아의 식사량에 맞춰 배식 양을 조절함으로써 지도한다. 많은 영아가 편식하는 시기이므로 새로운 음식을 소개하거나 싫어하는 음식이 배식될 때는 개별적으로 지도한다.
- 함께 식사하는 즐거움을 경험하게 하고 바로 앉아 먹기, 삼킨 후 말하기 등의 기본적인 식사 예절을 지도한다.

만 3세

특성

- 급식 및 간식의 전 과정을 이해하고 적극적으로 참여할 수 있는 능력이 생긴다.

교사의 역할

- 교사가 기본 배식을 해주면, 필요한 밥 또는 부식을 더 요청하기, 덜기, 먹은 자리 정리하기, 식판과 그릇, 숟가락과 포크(또는 훈련용 젓가락) 치우기를 할 수 있다.
- 밥 또는 부식이 부족한 경우 요청하거나 스스로 추가 배식할 정도로 적당량의 음식을 먹을 능력이 생기고, 편식하는 음식의 종류도 적어지므로 개별적으로 지도한다.

만 4, 5세

특성

- 급식 및 간식의 전 과정을 이해하고 주도적으로 참여할 수 있는 능력이 생긴다.

교사의 역할

- 만 4세는 교사가 기본 배식을 해주고, 만 5세는 모든 배식을 유아가 담당해서 하도록 지도한다.
- 만 4세와 만 5세 모두 식사 후 옷, 주변, 바닥에 떨어진 음식을 줍게 하는데, 만 5세의 경우 더 깨끗하게 치우도록 지도한다.
- 개별 유아가 스스로 배식함으로써 자신에게 적절한 양의 음식을 먹도록 하나 지나치게 적게 또는 많이 먹은 유아는 교사가 개별적으로 지도한다.
- 성인이 먹는 음식과 유사하게 먹을 수 있도록 지도한다(예 음식의 크기, 약간 매운 음식).
- 바람직한 식사 예절을 익히도록 꾸준히 지도한다.

급식 및 간식 먹기에 적절한 환경

급식 및 간식 지도의 세 가지 목표 달성을 위해 준비할 환경은 다음과 같다.

① 급식 및 간식 장소

② 식탁

③ 배식 준비

④ 정리대

⑤ 청결한 배식을 위한 환경

급식 및 간식 장소

만 1, 2세

- 이동에 시간이 오래 걸리고 활동실 이외의 공간은 낯설어하므로(특히 학기 초) 활동실에서 급식 및 간식을 실시한다.

만 3, 4, 5세

- 간식은 활동실에서 먹고, 급식은 식당이 있다면 식당으로 이동하여 실시한다.

식탁

만 1, 2세

- 만 1세와 만 2세 영아도 의자가 있는 책상에 앉아서 급식 및 간식을 실시한다.
- 의자에 앉아서 급식 및 간식을 먹으면,
  - 돌아다니지 않고 먹는 습관
  - 바로 앉아서 먹는 습관
  - 함께 먹는 습관을 익히는 데 도움이 된다.

만 1세

만 2세

만 3, 4, 5세

- 식탁과 의자를 준비한다.
- 위생적인 급식환경을 조성하기 위해 세탁과 소독이 용이한 식탁보를 깔 수 있다.

식당

배식 준비

만 1, 2세

- 개별 영아의 식사량을 고려하여 교사가 배식 한다.

배식의 양이 다른 2개의 식판

만 3, 4세

- 모든 유아에게 동일한 양을 교사가 배식한다.
- 필요한 경우 더 먹을 수 있도록 여유분의 밥과 반찬을 준비해 둔다.

동일한 양 배식

여유분의 밥과 반찬

만 5세

- 개별 유아가 배식을 담당한다.

밥 배식대

반찬 배식대

정리대

만 1세

- 다 먹으면 교사가 정리한다.

만 2세

- 학기 초는 교사가 정리하지만, 1학기 중반부터는 급식판, 국그릇, 수저를 따로 모으도록 지도한다. 잔반은 잔반통에 버리도록 지도한다.

정리대

잔반 모으기

그릇, 수저 분리하여 정리하기

만 3, 4, 5세

- 유아가 식사 후 식판, 그릇, 수저, 잔반을 잘 치울 수 있는 정리대를 준비한다.

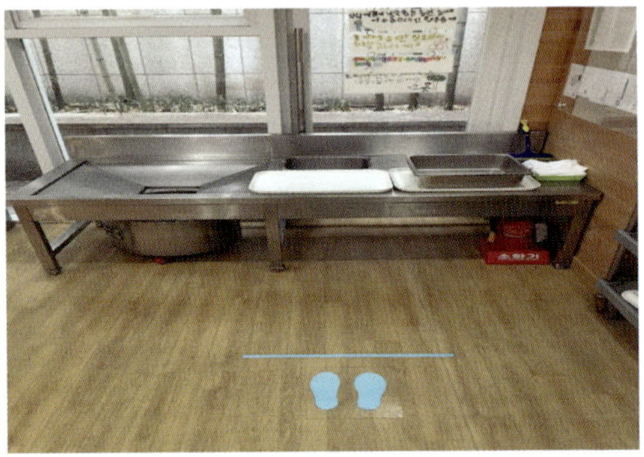
정리대

식사 후 정리대에 잔반을 정리하기

• 떨어진 음식을 바로 치울 수 있도록 식탁 위에 휴지와 행주를 배치하고 식당 여러 곳에 발로 눌러 여닫는 휴지통을 배치한다.

휴지와 행주 배치

발로 눌러 여닫는 휴지통

청결한 배식을 위한 환경

만 1, 2, 3, 4, 5세

• 배식자는 마스크(또는 입가리개), 장갑, 앞치마를 착용한다.

영아반 배식자

유아반 배식자

• 배식용 그릇(음식 및 그릇)은 뚜껑을 덮어 배치한다.

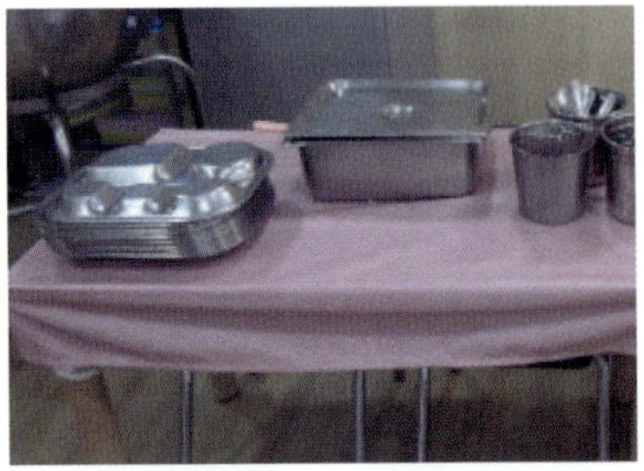

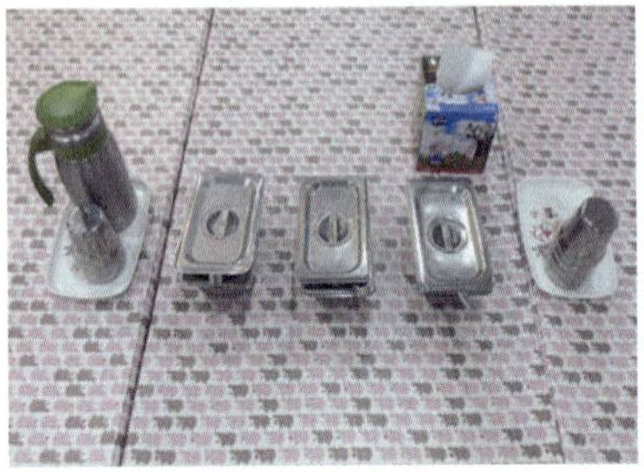

여분 반찬이나 식판은 뚜껑 덮어 준비

배식차

스스로 급식 및 간식 먹는 능력 기르기

식탁 소독하기, 식탁 배치하기, 상 차리기, 먹기, 치우고 정리하기 등의 과정을 스스로 깨끗하게 할 수 있도록 한다. 스스로 먹는 능력 기르기에 대한 최종 목표를 달성하기 위해 연령별로 다음의 사항을 고려하여 지도한다.

① 식탁 소독

② 식탁 배치

③ 상 차리기

④ 먹기

⑤ 식사도구(숟가락, 포크, 젓가락) 사용

⑥ 치우기

식탁 소독

만 1, 2세

- 교사가 소독한다.

만 1세

만 2세

만 3, 4, 5세

- 주방 담당자(예 영양사, 조리사, 당번 교사)가 소독한다.

식탁 위 소독하기

식탁 배치

만 1, 2세

- 학급 교사의 인원에 따라 융통성 있게 배치한다.
- 교사가 2인 이상일 경우 교사 1명이 몇 명의 영아와 함께 식사하면서 지도한다.

만 1세

만 2세

만 3, 4, 5세

- 식당에서 급식하는 경우도 식탁 1개당 교사 1명이 함께 앉을 수 있게 한다.

교사와 유아가 함께 식사하기

- 만 5세 2학기에는 유아끼리 앉을 기회를 준다.

만 5세: 유아끼리 식사하기

상 차리기

만 1, 2세

공통

- 밥 먹는 시간이라는 것을 알리는 의미에서 영아가 보는 곳에서 상을 차린다.
- 만 1세의 경우 안전사고의 예방을 위해 1학기 초에는 영아를 상 차리는 곳에서 분리하고, 1학기 말 혹은 2학기 초부터 영아가 보는 곳에서 상을 차린다(음식을 보면 당장 먹을 수 없다는 것을 이해할 수 없어, 뜨거운 국이나 밥에 손을 뻗어 즉시 먹으려 하므로 화상과 같은 안전사고의 발생 위험이 있다.).
- 만 2세의 재원생은 점심 상황을 이해해서 영아가 보는 곳에서 교사가 상을 차려도 안정적으로 놀이할 수 있다. 하지만 학기 초 신입생은 집단으로 점심을 먹어본 경험이 없으므로 안전사고가 일어날 수 있다. 재원생, 신입생의 비율 및 반의 평균적인 적응 정도를 고려하여 영아가 보는 곳에서 상을 차린다.
- 상을 차리는 교사는 입가리개, 앞치마, 위생장갑을 착용한다.
- 밥, 반찬, 국을 모두 교사가 나눠준다.
- 교사 1명이 상을 차리는 동안 다른 교사는 영아들과 식사 준비(예 손 씻기, 턱받이하기)를 한다. 만 2세의 재원생은 턱받이가 없어도 스스로 점심 먹는 시도를 할 수 있다. 만 2세반은 신입생, 재원생 및 개별 영아의 자조 기술 발달 정도에 따라서 턱받이 사용 여부를 결정한다.

배식자는 위생장갑, 입가리개, 앞치마 착용 후 배식

만 1세

- 자신의 턱받이를 찾을 수 있는 영아는 찾아오게 한다.
- 손을 씻은 후 턱받이를 해준다.
- 1학기 후반부터는 턱받이를 스스로 하는 시도를 하게 한다.

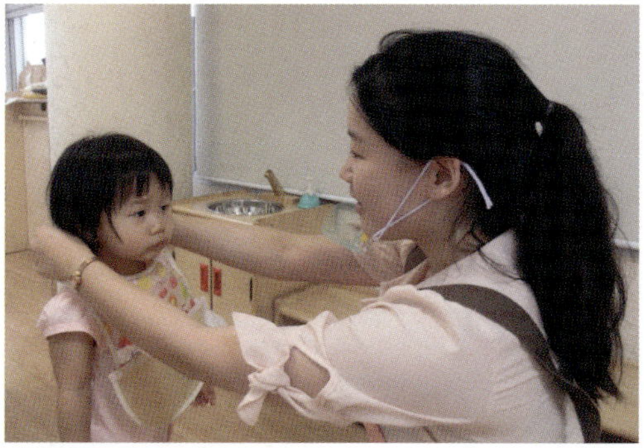

1학기에는 교사가 도움주기

스스로 찾기

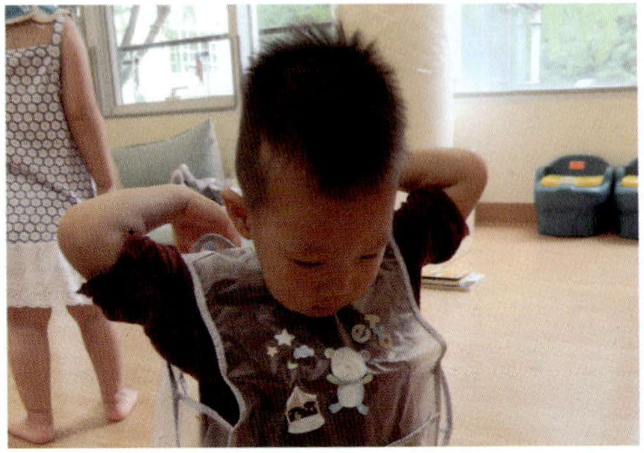

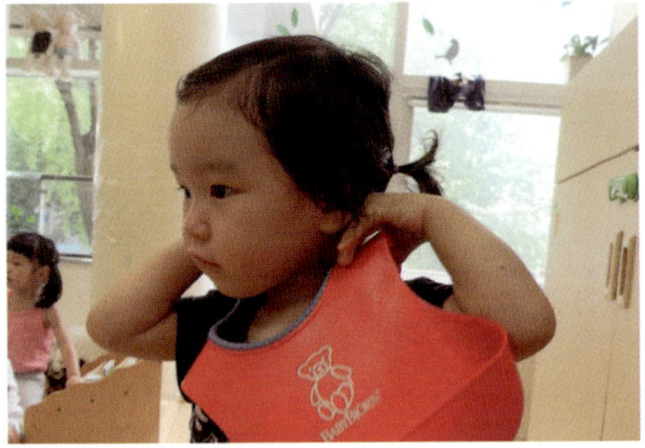

스스로 착용하거나 필요할 경우 도움주기

만 2세

- 자신의 턱받이를 스스로 하게 하고 안 되는 영아만 도와준다.
- 월령이 높은 영아는 처음부터 턱받이 없이, 월령이 낮은 영아는 1학기 중반부터는 턱받이 없이 식사를 하게 한다.

1학기: 턱받이 착용 후 식사

2학기: 턱받이 없이 식사

만 3, 4세

- 상을 차리는 교사는 입가리개, 앞치마, 위생장갑을 착용한다.
- 교사가 기본량의 밥, 반찬, 국을 배식해서 식탁에 배치한다.

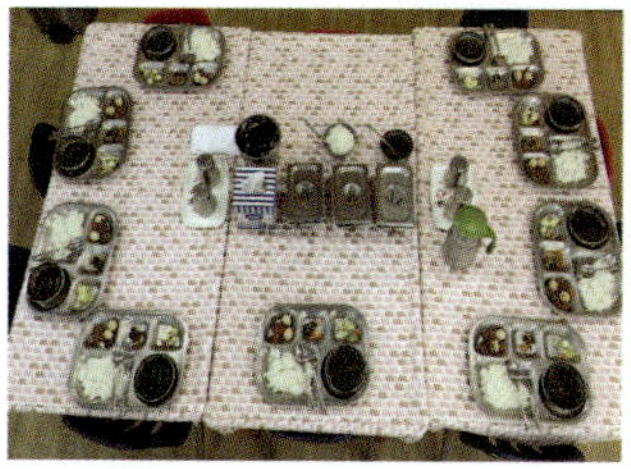

교사가 배식한 상차림

상을 차리는 교사

- 부족한 양은 유아 각자가 식탁에 준비된 여분의 밥과 반찬통에서 가져간다.
- 3가지 반찬 2세트를 식탁 가운데 준비해 준다.
- 반찬의 특성에 따라 숟가락, 포크, 또는 집게(예 백김치는 숟가락, 고기는 집게, 어묵은 포크)를 준비해 준다.
- 반찬이 더 필요한 유아는 식탁 중앙에 놓은 여분의 반찬통에서 가져간다. → 만 3세의 경우 김치 더는 것을 시작으로 추가 배식을 시작한다. 1학기 중반 무렵부터 유아가 수를 셀 수 있게 되면 교사와 함께 얼마나 더 먹을지 적당량을 이야기한 후 추가 배식을 스스로 할 수 있도록 돕는다(수량화할 수 있는 반찬: 메추리알 장조림, 깍두기, 생선구이 등). 스스로 적당량의 추가 배식을 할 수 있게 되었다고 판단되면 교사가 반찬을 자리 가까이에 옮겨주는 정도로만 도움을 준다. 이때, 교사가 추가 배식하는 모습을 지켜보며 추가적으로 지도하는 경우도 있다.
- 컵과 물은 필요한 유아가 가져다 따른다. → 컵은 식탁 양쪽으로 2세트를 준비한다. 물은 유아 간에 서로 전달하여 따른다. 물이 필요한 경우 옆에 앉은 유아에게 주전자를 전달해달라고 부탁한다.

• 3세의 경우 학기 초에는 교사가 물을 따라준다. → 1학기 중반부터 스스로 따를 수 있도록 지도한다.

스스로 반찬 덜기

컵 가져가기

1학기: 교사가 물 따라주기

2학기: 스스로 물 따르기

만 5세

- 유아가 자신이 먹을 양 만큼의 밥과 반찬을 덜고 물을 따른다.

유아가 덜어 먹을 수 있도록 상차림

- 밥은 큰 통에서 덜어간다.
- 학기 초에는 교사가 유아가 원하는 양을 이야기하면 그만큼 밥을 덜어주고, 큰 통에서 밥을 뜨는 것과 밥 배식대를 이용하는 것이 익숙해지면 유아가 스스로 밥을 덜어갈 수 있도록 한다.
- 밥을 덜기 전 식판과 수저를 스스로 챙긴다.

1학기: 교사가 도움

2학기: 유아 스스로 배식

- 3가지 반찬 2세트를 식탁 가운데 준비해 준다.
- 반찬의 특성에 따라 숟가락, 포크, 또는 집게를 준비해 준다.

반찬 특성에 맞는 도구 사용

- 유아가 반찬을 던 후 옆 유아에게 전달한다.

반찬 덜고 전달하기

물 따르기

정수기에서 물 받기

- 화상 위험이 있는 국은 교사가 개별 그릇에 배식한 뒤 책상 위에 놓는다. 국그릇은 식탁 가운데 쪽에 놓는데 유아가 자리에 앉은 뒤 가져가기 편하도록 각 자리별로 하나씩 놓아둔다.
- 학급의 상황에 따라 유아가 돌아가면서 배식을 담당하는 당번 제도를 운영할 수 있다.

먹기

만 1세

- 영아의 식사를 돕는 동시에 교사가 식사를 하기 때문에 매번 위생장갑을 착용하지는 않지만 김이나 상추쌈과 같은 메뉴가 있을 때는 위생장갑을 끼고 식사를 돕는다.
- 영아의 발달 수준에 따라 다양하게 지도한다.
  - 교사가 숟가락으로 떠서 입에 넣어줄 수 있음
  - 교사가 김에 밥을 싸서 놓아주고 영아가 먹게 할 수 있음
  - 교사가 포크로 반찬을 찍어주고 영아가 잡고 먹게 할 수 있음
  - 포크를 같이 잡고 반찬 찍는 것을 도와줄 수 있음
  - 숟가락 사용이 점차 익숙해지면 영아가 뜬 밥 위에 반찬을 올려줄 수 있음
  - 영아와 교사가 함께 숟가락을 잡고 먹게 할 수 있음(숟가락 사용 초기의 경우 영아가 숟가락의 각도 조절을 어려워하기 때문에 교사가 숟가락을 쥔 손을 함께 잡고 먹을 수 있도록 할 수 있음)

숟가락에 떠서 먹여주기

김에 싸준 밥을 스스로 먹기

포크로 찍은 반찬 스스로 먹기

포크를 같이 잡고 찍어보기

숟가락 위에 반찬 올려주기

만 2세

- 많이 흘리기는 하나 영아 스스로 먹을 수 있다.
- 깨끗하게 먹지 못하고 식판에 남은 음식이 있을 경우 교사가 긁어 숟가락에 담아준다.

교사의 도움으로 깨끗하게 먹기

만 3, 4세

- 유아 스스로 먹는다.
- 깨끗하게 먹지 못하고 식판에 남은 음식이 있을 경우 유아의 발달에 따라 지도한다.
  - 숟가락과 포크를 이용하여 뜨는 법 지도
  - 남은 음식을 교사가 긁어 숟가락에 담아주면 유아가 먹기

남은 음식 긁어주기

깨끗하게 먹게 지도하기

포크 바르게 잡는 법 지도하기

숟가락으로 밥 뜨는 법 지도하기

만 5세

- 유아 스스로 먹는다.
- 깨끗하게 먹지 못하고 식판에 남은 음식이 있을 경우 교사가 깨끗하게 먹도록 언어적으로 지도한다.

식사도구(숟가락, 포크, 젓가락) 사용

공통

- 영아와 유아의 발달 수준에 맞게 적절한 도구를 제대로 사용하도록 지도한다.

만 1세

- 만 1세 영아는 손으로 먹는 것에 더 익숙하다.
- 교사는 영아가 숟가락과 포크를 사용하여 먹는 경험을 하도록 지도한다.

손으로 먹기

숟가락으로 먹기

포크로 먹기

만 2세

- 만 2세 영아는 숟가락과 포크를 점차 능숙하게 사용할 수 있다.
- 교사는 숟가락과 포크를 효과적으로 사용하는 방법과 제대로 쥐고 사용하는 방법을 익히도록 지도한다.

포크 사용에 적합한 음식 권장

포크 잡는 법 지도

숟가락 쥐는 법 지도

만 3세

- 만 3세 유아는 일반적으로 포크를 제대로 사용할 수 있고, 2학기에는 훈련용 젓가락을 사용할 수 있다.
- 교사는 숟가락과 포크를 제대로 쥐고 사용하는 방법을 익히도록 지도한다.

숟가락 잡는 법 지도

만 4세

- 만 4세 유아는 일반적으로 포크나 훈련용 젓가락을 사용할 수 있다.
- 교사는 숟가락과 포크를 제대로 쥐고 사용하는 방법을 익히도록 지도한다.

숟가락 쥔 모습 지도

자신의 수준에 따라 훈련용 젓가락 사용하기

만 5세

- 만 5세 유아는 일반적으로 훈련용 젓가락이나 쇠 젓가락을 사용할 수 있다.
- 학기 초에는 포크를 사용하지만 시간이 지나면 젓가락을 함께 내어준다.
- 훈련용 젓가락은 교실 수 · 조작 영역에서 유아가 연습해 볼 수 있도록 내어준다.
- 젓가락 사용이 어려운 유아를 위해 포크와 젓가락을 모두 사용할 수 있게 하며 식사 시간에 집기 쉬운 반찬은 젓가락으로 먹어보게 권유하며 연습해 보도록 한다.
- 교사는 젓가락을 적절히 사용하는 방법을 익히도록 지도한다.

훈련용 젓가락으로 연습하기

쇠 젓가락 사용법 지도하기

쇠 젓가락 사용하기

치우기

만 1세

- 교사 1명은 영아를 먹이고 다른 교사 1명은 먹은 영아를 양치질 시킬 준비를 한다.
- 교사가 흘린 음식과 식판을 모두 정리하고 식탁으로 사용한 책상을 소독액으로 닦는다.
- 교사가 턱받이나 옷에 묻은 음식을 제거한다.
- 1학기 말부터는 사용한 턱받이를 영아가 턱받이 바구니에 넣도록 격려한다.
- 2학기 중반부터는 턱받이 없이 먹는 연습을 하고 흘린 음식을 주워보게 격려한다.

먼저 식사한 영아 양치질 시키기

교사가 정리하기

사용한 턱받이 정리하기

흘린 음식 스스로 떼기

만 2세

- 학기 초에는 교사가 흘린 음식과 식판을 정리하고 책상을 소독액으로 닦으면서 언어적으로 지도한다(예 "남은 음식은 모두 모으고, 식판은 위로 겹쳐 놓고, 식탁은 이 소독액을 뿌려서 닦을 거야.").
- 1학기 중반부터는 교사가 잔반을 국그릇에 모아주면 영아가 식판을 치우는 곳에 가져다 치운다.
- 간식은 컵, 그릇, 숟가락이나 포크를 정리해야 하는 자리에 스스로 정리한다.

스스로 정리하기

제자리에 정리하기

• 옷에 붙은 밥풀이나 반찬을 찾아보게 한다.

교사가 알려주기

거울 보며 찾아보기

• 밥풀을 떼보게 하고 남은 것은 교사가 도와준다.

스스로 떼기

교사가 옷 잡아주고 떼게 해보기

만 3, 4, 5세

공통

- 식탁 위의 휴지를 사용하여 흘린 음식을 치운다.
- 유아가 식판과 잔반 모두를 정리한다.
- 유아가 쉽게 치울 수 있는 환경을 조성해 준다.
  - 식탁 위에는 행주와 작은 크기의 크리넥스를 준비해 두어 필요할 때 사용할 수 있게 한다.
  - 식판과 잔반을 효율적으로 정리할 수 있게 한다.

자율 정리대

스스로 치울 수 있도록 도구 비치

  - 식판을 놓고 컵, 수저, 국그릇을 치울 공간을 마련한다.
  - 유아의 팔 길이를 고려해서 잔반을 모을 그릇과 그릇 및 식판을 모을 장소를 마련한다.
  - 잔반 넣는 그릇이 깨끗하게 유지되도록 물기 제거하는 기구(스퀴즈)를 배치한다.
  - 여분의 행주를 배치한다.

만 3, 4세

- 먹은 도중 떨어뜨린 음식을 인식하도록 교사가 지도한다(예 "바닥을 한 번 봐.").
- 식판을 정리하기 전에 옷에 붙은 밥풀과 식탁과 바닥에 떨어진 잔반을 찾아 떼거나 휴지를 이용해 줍게 한다.

옷에 붙은 밥풀 떼기

식탁 위 흘린 음식 치우기

바닥에 흘린 음식 치우기

- 교사의 도움을 점차 줄여 나간다.

교사의 도움으로 치우기(치워야 할 곳 알려주기)

스스로 알아서 치우기

만 5세

- 식판을 정리하기 전에 자신의 옷에 붙은 밥풀과 바닥에 떨어진 음식을 먼저 줍게 한다.
- 식판을 정리하고 나서 밥 먹은 자리가 깨끗한지 확인하고 책상과 바닥에 음식을 줍고 정리하게 한다.
- 자신의 옷에 붙은 밥풀을 스스로 정리하고 또래끼리 서로의 옷을 살펴볼 수 있게 한다.

식탁 아래 정리하기

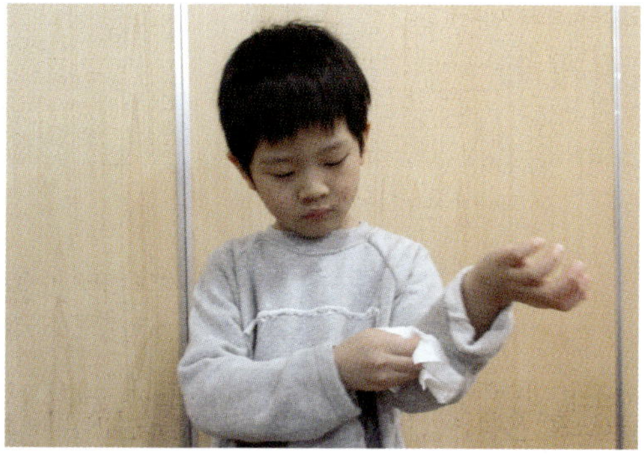

옷에 붙은 밥풀 스스로 정리하기

건강하게 먹는 습관 기르기

적당한 양의 음식 먹기와 다양한 음식을 고루 먹는 최종 목표를 달성하기 위해 연령별로 다음의 사항을 고려하여 지도한다.

① 건강하게 먹는 습관 기르기

건강하게 먹는 습관 기르기

공통

- 밥보다는 반찬을 많이 먹는 습관을 갖도록 지도한다.
- 영유아가 선호하는 주 반찬(단백질 공급원인 경우가 대부분임)은 특히 충분한 양을 배식한다.
- 천천히 꼭꼭 씹어 먹도록 지도한다.

반찬을 넉넉히 배식하기

만 1, 2세

- 영아는 먹는 양과 편식의 정도 측면의 개인차가 매우 심하다.
- 새로운 음식을 조금이라도 맛보도록 일관적으로 권한다.

만 1세

만 2세

- 다양한 음식을 즐겁게 먹는 모습을 교사가 보인다(모델링).

만 1세

만 2세

• 새로운 음식을 다른 영아가 먹으면 격려하고 그것을 보게 한다(대리강화).

만 1세

만 2세

만 3, 4, 5세

• 편식하는 음식의 수는 점차 적어지나 싫어하는 한두 가지 음식에 대한 거부는 더 심해지기도 한다.
• 영양이나 건강과 관련된 학급 내 활동과 연계하여 편식 지도를 한다.

음식 관련 연계 활동

• 싫어하는 음식을 억지로 주지는 않지만 어느 정도 먹을 수 있는지 묻고 최소량이라도 맛보도록 설득한다.
• 또래의 행동이나 평판에 민감한 발달적 특성을 활용하여 편식하지 않는 또래에게 맛을 설명하게 할 수도 있다.

교사가 설득하기

또래에게 맛 설명해 주기

식사에 대한 사회적 의미 이해하기

식사와 관련된 다음의 사회적 예절을 영유아가 익히도록 지도한다.

① 남기지 않고 먹기(먹을 만큼 덜기)

② 앉아서 먹기

③ 바로 앉아서 먹기

④ 음식을 입에 넣고 말하지 않기

⑤ 적당한 목소리로 말하며 먹기

남기지 않고 먹기(먹을 만큼 덜기)

만 1, 2세

공통

- 남기지 않고 먹는 경험을 지속적으로 하도록 교사가 양을 조절해 준다.

만 1세

- 개별 영아의 식사량에 따라 교사가 조절해 준다.

만 2세

- 처음 배식 때는 개별 영아의 식사량에 따라 조절해 준다.
- 원하는 반찬을 더 줄 경우에는 남은 밥과 식사량을 고려하여 적절한 양을 더 준다.

교사가 준비해 놓기

식사량 고려하여 원하는 음식 더 주기

만 3, 4, 5세

공통

- 유아 스스로 조절할 수 있도록 배식 환경을 조절하고 교사가 격려한다.
- 추가 배식할 때 스스로 조절하는 것에 어려움이 있을 경우 학급에서 진행되는 활동과 연계한다.

만 3, 4세

- 유아의 식사량 측면의 개인차가 감소하므로 처음 배식 때는 모든 유아에게 동일한 양을 배식한다.
- 스스로 밥과 반찬을 더 덜어 먹을 수 있도록 식탁 위에 준비되어 있으므로 원하는 종류의 음식을 원하는 만큼 덜어가게 한다.

여유분의 반찬

추가 배식하기

- 소극적이어서 반찬이 더 필요한데도 가져가지 않은 유아가 있을 경우 교사가 권한다.
- 추가로 가져간 음식은 가능하면 다 먹어야 함을 지속적으로 지도한다.

만 5세

- 처음 배식부터 밥과 반찬의 양을 개별 유아가 정하고, 추가 배식도 스스로 하므로 남기지 않는지 교사가 살피고 지도한다.

먹을 수 있는 만큼 밥 덜기

먹을 수 있는 만큼 반찬 덜기

먹을 수 있는 만큼 덜기 지도

앉아서 먹기

만 1, 2세

- 활동실 바닥에 앉아 낮은 책상에서 식사하는 것보다 의자에 앉아서 식사할 경우 앉아서 먹는 습관을 갖게 하는 데 도움이 된다.
- 중간에 돌아다니는 영아를 개별적으로 불러서 이유를 설명하고 다시 앉아서 먹게 한다(예 "다 먹고 나면 가자/ 음식은 앉아서 먹는 거야/ 일어난 것 보니 다 먹은 것 같은 데 양치 준비할 거니?").

영아용 의자에 앉아서 먹기

만 3, 4, 5세

- 발달적으로 대부분의 유아가 돌아다니면서 먹지 않는다.
- 돌아다니는 유아가 있을 경우 개별적으로 지도한다.

만 3세: 앉아서 식사하기

만 4세: 앉아서 식사하기

만 5세: 앉아서 식사하기

바로 앉아서 먹기

만 1, 2, 3, 4, 5세

- 앞을 보고 바로 앉아서 먹는 습관을 가질 수 있도록 꾸준히 지도한다.
- 같은 식탁의 또래와 이야기하면서 먹을 때도 몸을 돌리기보다는 앞을 보고 먹으면서 짧게 이야기하도록 지도한다.
- 앞을 보고 바로 앉아서 먹으면 옷, 식탁, 바닥에 덜 흘리게 됨을 인식하게 지도한다.
- 허리를 구부리거나 뒤로 기대어 누운 듯 앉아 먹지 않도록 꾸준히 지도한다.

음식을 입에 넣고 말하지 않기

만 1세

- 발달적으로 이해하기 어려운 연령이므로 교사가 모범을 보인다(예 "선생님이 입에 있는 것 다 씹고 도와줄게.").

만 2, 3, 4, 5세

- 음식을 입에 넣은 채 말하는 영유아가 있으면 교사가 개별적으로 꾸준히 지도한다.
- 영유아의 특성이나 발달을 고려하여 적절한 이유를 알려 준다(예 "입속에 있는 음식을 다 씹고 이야기하자/ 말하다 음식이 튀어나오면 옆 사람이 더럽다고 생각해/ 튀어나온 음식이 다른 사람에게 묻으면 깨끗하지 않아/ 입속의 음식이 보이면 지저분해 보일 수 있어.").

적당한 목소리로 말하며 먹기

만 1세

- 발달적으로 이해하기 어려운 연령이므로 교사가 조용히 말하는 모범을 보인다.

만 2세

- 큰 목소리로 말하는 영아가 있을 경우, 교사가 개별적으로 지도한다.

만 3, 4, 5세

- 적당한 목소리로 말하면서 먹어야 하는 이유를 학급에서 진행되는 활동과 연계하여 지도한다.
- 급식 도중 소음 수준이 높아지면 학급 전체 유아를 상기시킨다.
- 교사가 함께 식사하는 식탁의 유아를 개별적으로 지도한다.

식사 예절에 대한 이야기 나누기

식당 안에서 걸어서 이동하기

식사 중 식사 예절에 대해 개별적으로 이야기 나누기

손 씻기 지도

● 손 씻기 지도에 대한 이해

* 목표
* 연령별 지도와 유의점

손 씻기에 적절한 환경

- 손 씻기에 관한 화보
- 씻기
- 물기 닦기

스스로 손 씻는 능력 기르기

- 옷 걷기/ 내리기
- 물비누 짜고 거품내기
- 헹구고 닦기

손 씻기 지도에 대한 이해

목표

손 씻기 지도는 손 씻는 이유/ 손 씻기 필요성을 이해하는 것과 손을 스스로 깨끗하게 씻을 수 있는 능력을 갖도록 하는 두 가지 목표를 가지고 진행한다.

① 손 씻는 필요성에 대한 이해
손을 씻는 이유와 언제 손을 씻는지에 대한 이해

② 스스로 손을 닦는 능력
손을 깨끗이 닦고 뒤처리를 스스로 할 수 있는 능력

연령별 지도와 유의점

손 씻기의 최종 목표를 달성하기 위해 연령별로 다음의 사항을 고려하여 지도한다.

만 1세

특성

- 언제, 왜 손을 씻는지에 대한 인식은 아직 없다.

교사의 역할

- 교사가 손 씻자고 말한 후 화장실로 데리고 가면 잘 따라올 수 있도록 지도한다. 이를 위해 영아의 놀이를 중단시키고 데리고 가기보다는 영아의 기분이나 상황을 고려하여 손 씻으러 가기를 청함으로써 손 씻기에 대한 긍정적 인식을 갖도록 도와준다.
- 영아가 이해하지 못하더라도 언제, 왜 손을 씻는지를 말한다(예 "손 씻으러 가자.", "깨끗이 손 씻으러 가자.", "손 씻고 밥 먹자.").

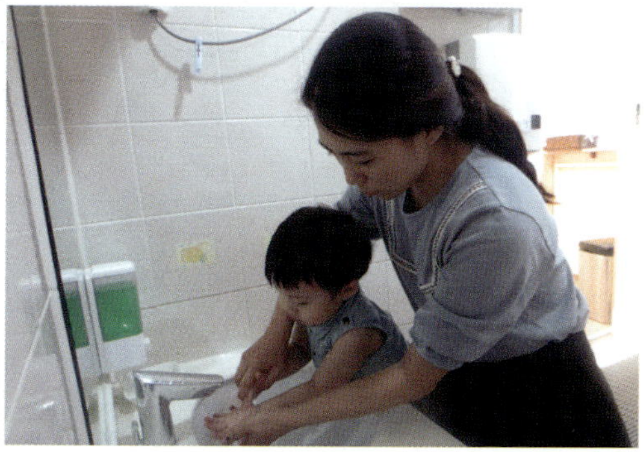
학기 초의 교사가 손 씻어주기

손 씻으러 영아를 데리고 가기

만 2세

특성

- 하루 일과 중 몇 번의 손 씻기 시간이 있다는 것을 알게 되고 정기적으로 손을 씻는 시간(예 식사 전, 실외 자유선택 활동 후)에 대한 이해가 생긴다.
- 정기적으로 손을 씻는 시간에 대한 이해가 생기기 때문에 교사가 놀이를 중단시키고 손을 씻게 해도 잘 수용한다.
- 개인 영아의 활동 특성에 따라 손을 씻어야 할 때(예 미술활동 중 손을 씻어야 할 때) 교사가 씻기를 제안하면 수용한다.

손 씻으러 가는 영아 따라가기

손 씻는 영아 가까이에서 도와주기

교사의 역할

- 언제, 왜 손을 씻는지를 더 구체적인 언어로 표현해 준다(예 "밖에서 놀아 손이 더러워졌으니 손을 씻자.", "간식 먹기 전에 손을 깨끗하게 씻자.").
- 개인 영아의 활동 특성에 따라 손을 씻어야 할 때 그 이유를 설명해 준다(예 "물감이 묻은 것은 손을 씻으면 지워져.", "코 풀 때 손에 묻었으니 손을 씻자.").

만 3세

특성

- 정기적, 비정기적 손 씻기 상황을 이해할 수 있고 개인 유아의 활동 특성에 따라 스스로 손을 씻을 수 있다.
- 손을 깨끗하게 씻는 것의 의미를 이해하기 시작한다.

교사의 역할

- 유아가 손을 씻어야 하는 맥락(예 점심을 먹기 전에 손을 씻어야 함/ 화장실을 사용한 후 손을 씻어야 함)에 대한 이해가 높아지도록 지도한다.
- 학기 초에는 유아가 맥락을 파악할 수 있는 말(예 "점심을 먹어야 하니까 손을 씻으러 가자.")로 지도하고 점차 '손 씻기' 에 대한 직접적인 표현을 줄여감으로써 유아가 스스로 손을 씻어야 함을 파악(예 "점심 먹을 준비를 하자.", "화장실 다녀온 후 해야 할 일을 하자.")하여 실행할 수 있도록 한다.
- 어떻게 해야 손을 깨끗하게 씻는 것인지를 알 수 있도록 지도한다(예 "거품을 충분히 내자.", "손 전체에 거품이 나도록 하자.", "흐르는 물에 잘 헹구자.").

손 씻는 유아 뒤에서 지켜보기

만 4, 5세

특성

- 언제, 왜 손을 씻는지에 대해 인지적으로 이해한다.
- 바른 손 씻기 방법과 정리 방법을 이해한다.
- 상황(예 귀찮음/ 빨리 놀고 싶음)에 따라 손을 씻지 않거나 대충 씻는 경우가 있다.

교사의 역할

- 개별적인 필요(예 미술활동 중)에 의해 자발적으로 깨끗하게 손 씻는 것이 습관이 되도록 꾸준히 지도한다.
- 유아에게 항상 맡기기보다는 가끔 화장실로 교사가 가서 손 씻는 것을 직접 보고 지도한다.

손을 씻는 유아 지켜보기

손 씻기에 적절한 환경

손 씻기의 두 가지 목표 달성을 위해 준비할 환경은 다음과 같다.

① 손 씻기에 관한 화보

② 씻기

③ 물기 닦기

손 씻기에 관한 화보

만 1, 2, 3, 4, 5세

- 깨끗하게 손 씻는 과정에 관한 화보가 있으면 화장실에 붙여준다.

손 씻기 화보

벽에 붙어 있는 화보 보며 손 씻기

씻기

만 1, 2, 3, 4, 5세

- 수도, 물비누, 물기 제거용 기구

세면대, 물비누, 물기 제거용 기구

물기 닦기

만 1, 2, 3, 4, 5세

- 핸드타월과 휴지통

손을 씻은 후 물기 닦기

스스로 손 씻는 능력 기르기

옷 걷기/ 내리기, 물비누 짜고 거품내기, 헹구고 닦기 등의 과정을 스스로 깨끗하게 할 수 있도록 한다. 스스로 손 씻기에 대한 최종 목표를 달성하기 위해 연령별로 다음의 사항을 고려하여 지도한다.

① 옷 걷기/ 내리기

② 물비누 짜고 거품내기

③ 헹구고 닦기

옷 걷기/ 내리기

만 1세

- 교사가 도와주거나 영아가 할 수 있는 옷 또는 소매 걷고 내리기에 흥미를 보일 경우 시도해 보게 한다(예 얇은 옷/ 올라간 옷 내리기).

교사가 옷 올려주기

영아가 옷 내리는 것을 잡아주기

만 2세

- 영아가 먼저 옷 걷기를 시도하게 하고 교사가 필요한 경우 도와준다.
- 손 씻을 때 옷이 젖으면 불편함을 꾸준히 말해 준다.

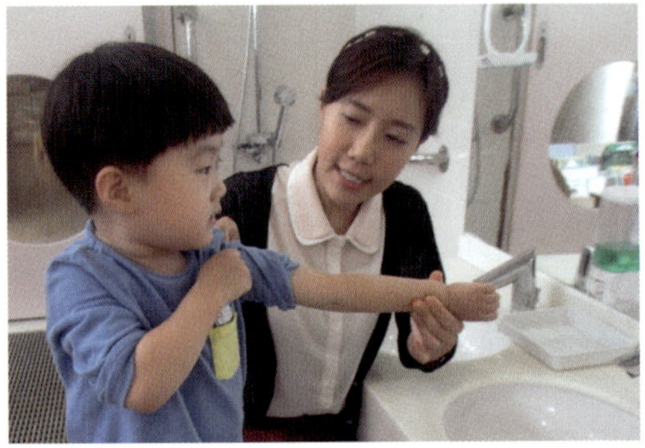

소매를 걷는 영아 도와주기

만 3세

- 대부분의 경우 유아가 하고 안 되는 경우 또래끼리 도와주게 격려한다.
- 옷의 특성(예 겨울옷, 단추 풀어야 하는 옷, 잘 올라가지 않은 옷)에 따라 교사가 적절한 도움을 준다.

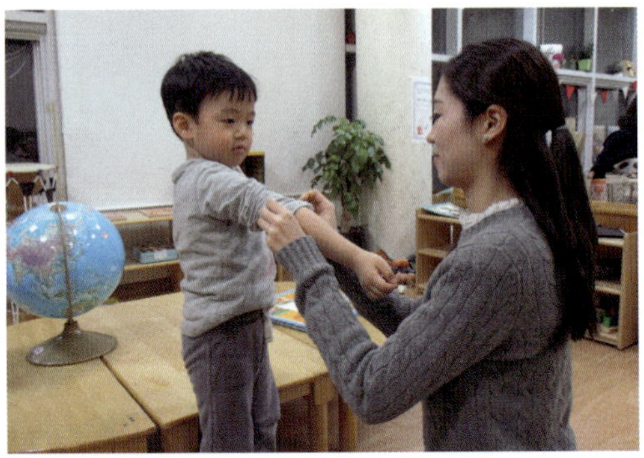

끼는 옷은 내리는 것 도와주기

친구에게 도움받기

만 4, 5세

- 대부분 스스로 할 수 있으므로 개인의 능력을 고려해 최소한의 도움을 제공한다.
- 옷의 특성이나 상황(예 씻기 귀찮거나 빨리 씻고 가고 싶을 때) 때문에 옷을 적시는 경우가 많으므로 지속적으로 알려 준다.

멀리서 지켜보고 필요한 경우에만 도움주기

물비누 짜고 거품내기

만 1세

- 교사가 물비누를 적당량 영아 손에 짜주고 점차 영아가 참여하도록 격려한다(예 영아가 손을 펴면 교사가 눌러서 짜줌).
- 거품이 충분히 나도록 손을 비비게 하거나 교사가 비벼준다.

영아 손 위에 물비누 짜주기

교사가 손을 잡고 비벼주기

만 2세

- 스스로 물비누를 눌러 짜도록 교사가 언어적으로 지원해 준다.
- 힘 조절이 어려워 적당량을 짤 수 없을 경우 영아 손 위에 교사 손을 놓고 힘 조절하는 것을 시범 보여준다.
- 거품이 충분히 나지 않은 상태에서 바로 헹구지 않도록, 충분히 거품 내는 방법에 대해 시범 보여준다.
- 깨끗하게 손 씻는 방법을 시범 보이고 영아가 스스로 하게 격려한다.

영아 스스로 물비누 짜기

영아가 물비누 짤 때 교사가 도움주기

교사가 손 씻는 시범 보여주기

만 3세

- 힘 조절을 하여 물비누를 적당량 짜도록 지원한다.
- 깨끗하게 손 씻도록 말로 안내한다(예 "손가락을 펴서 손바닥에 비벼보자. 손등도 문지르자.").
- 물비누칠을 하여 손을 씻을 수 있도록 가끔 주의 환기시킨다.

유아 스스로 물비누 짜기

손톱으로 비벼 씻는 것 시범 보이기

교사가 물비누 가리키기

만 4, 5세

- 적당량을 스스로 짤 수 있고 깨끗하게 씻는 방법도 아나 대충 씻는 경우가 많으므로 가끔 교사가 직접 지도한다.
- 물비누를 사용할 때와 사용할 필요가 없을 때(예 미술활동 중 묻은 풀을 닦고 다시 활동을 계속할 때)를 구별할 수 있다.

스스로 손 씻기

또래와 이야기 나누며 손 씻기

헹구고 닦기

만 1세

- 물이 나오는 곳을 알려주고 손을 대게 하거나 수도꼭지를 돌려보게 한다.
- 물비누를 깨끗이 헹구도록 교사가 직접 돕는다.
- 핸드타월을 한 장씩 뽑아 영아에게 건네준다.
- 다 쓴 핸드타월을 휴지통에 함께 넣는다.

물 나오는 곳에 손대기

교사가 손잡고 헹궈주기

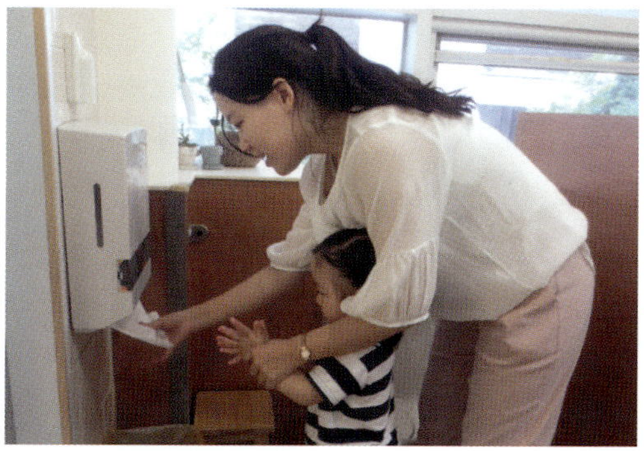

핸드타월 뽑아 영아에게 주기

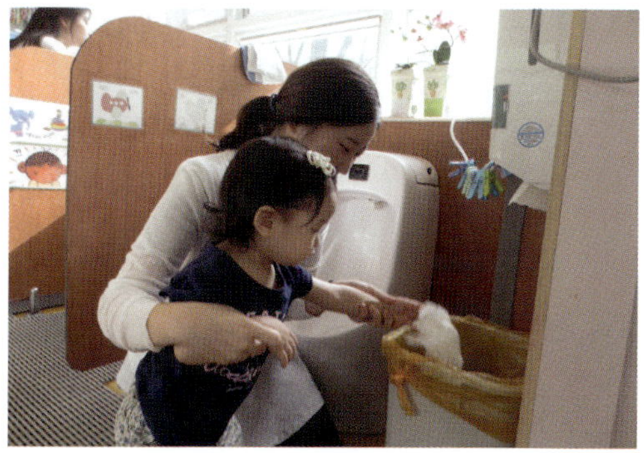

손 닦은 핸드타월을 휴지통에 넣기

만 2세

- 점차 스스로 헹구게 하고 물비누가 남은 경우 교사가 씻어주거나 말로 알려주어 씻게 한다.
- 교사의 손을 잡고 핸드타월을 한 장씩 뽑아보게 한다. 점차 익숙해지면 스스로 뽑고 휴지통에 넣게 한다.
- 휴지통에 넣을 때 핸드타월을 뭉치게 해본다.

영아 스스로 헹구기

물비누 남은 부분 가리키기

교사와 함께 손잡고 핸드타월 뽑아보기

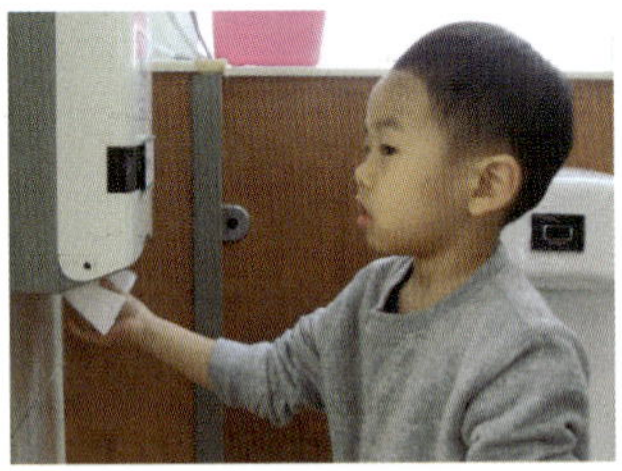

영아 스스로 뽑아보기

영아 스스로 휴지통에 넣기

핸드타월 뭉쳐서 넣기

만 3세

- 혼자 헹구게 하고 말로 지도한다.
- 핸드타월을 한 장씩만 뽑게 하고 더 뽑혔으면 친구들에게 나눠주게 한다.
- 휴지통에 잘 넣게 한다.
- 핸드타월을 잘 뭉쳐 버렸을 때의 부피 차이를 실험으로 알아보는 활동을 학기 초 기본생활 습관 지도와 함께 진행할 수 있다.

유아 스스로 헹구는 것을 지켜보기

친구에게 더 뽑힌 핸드타월 건네주기

핸드타월 뭉쳐서 버리기

만 4, 5세

- 물을 낭비하지 않게 빠른 시간 내에 헹구도록 지도한다.
- 휴지통 밖으로 떨어진 핸드타월을 집어넣거나 도구를 사용해 휴지통 속의 핸드타월을 눌러 공간을 확보하게 한다.
- 환경을 청결히 유지하는 방법(예 손에 묻은 물을 세면대에 한 번 털고 핸드타월로 닦기/ 핸드타월로 닦은 후 세면대 물기 닦기)을 알고 실천하게 한다.

세면대 위의 남은 물기를 스퀴즈로 닦기

떨어진 핸드타월 줍기

막대기를 활용하여 핸드타월 밀어 넣기

이 닦기 지도

- 이 닦기 지도에 대한 이해
  - 목표
  - 연령별 지도와 유의점

이 닦기에 적절한 환경

- 이 닦는 과정에 대한 화보
- 개별 도구
- 칫솔 소독기
- 다음 활동으로의 전이 전에 놀이할 공간

스스로 이 닦는 능력 기르기

- 이 닦기 준비
- 이 닦기
- 정리 · 정돈

이 닦기 지도에 대한 이해

목표

이 닦기 지도는 이를 닦아야 하는 필요성을 이해하는 것과 스스로 이를 깨끗하게 닦는 능력을 갖도록 하는 두 가지 목표를 가지고 진행한다.

① 이 닦는 필요성에 대한 이해
이를 닦는 이유와 언제 이를 닦는지에 대한 이해

② 스스로 이를 닦는 능력
깨끗하게 닦고 뒤처리를 스스로 할 수 있는 능력

연령별 지도와 유의점

이 닦기의 최종 목표를 달성하기 위해 연령별로 다음의 사항을 고려하여 지도한다.

만 1세

특성

- 언제, 왜 이를 닦는지에 대한 이해가 아직 분명하게 없다.

교사의 역할

- 교사가 이 닦을 시간이라고 말하고 화장실로 데리고 가면 잘 따라올 수 있도록 지도한다. 이를 위해 간식이나 급식이 끝나갈 즈음에 다음에 할 일은 이 닦기임을 지속적으로 알려 준다.
- 영아가 이해하지 못하더라도 언제, 왜 이를 닦는지를 언어적으로 표현해 준다(예 "이 닦으러 가자.", "밥을 다 먹었으니 이 닦을까?", "이를 닦으면 이가 튼튼해져.").

이 닦기 위해 영아 데리고 가기

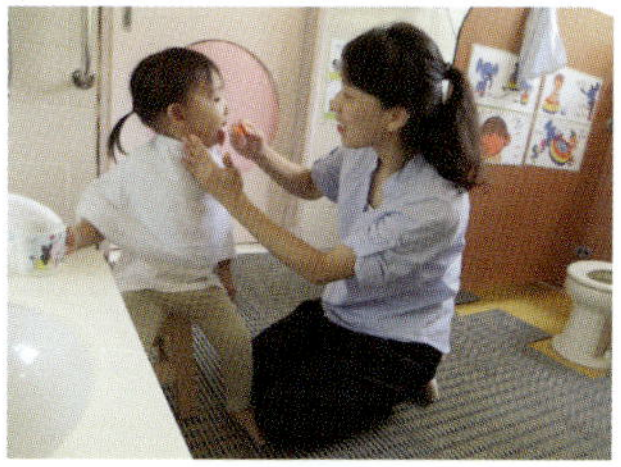

교사가 이를 닦아주기

- 교사가 이를 닦아주면서 설명하거나 시범을 보이며 지도한다(예 "앞니를 닦자.", "안쪽을 닦도록 입을 크게 벌리자.", "입을 이렇게 헹군 후 양칫물을 뱉자.").

만 2세

특성

- 하루 일과 중 정기적으로 이를 닦는 시간(급식 후) 또는 물 양치하는 시간(예 2학기 간식 후)에 대한 이해가 생기기 때문에 교사가 이를 닦도록 제안하면 잘 수용한다.

교사의 역할

- 영아가 스스로 먼저 이를 닦아보도록 지도하고 그 후 교사가 다시 깨끗하게 닦아준다.

교사가 옆에서 지켜보기

스스로 닦기

교사가 다시 닦아주기

- 깨끗하게 닦기, 옷 젖지 않게 양칫물 뱉기 등을 언어와 시범을 통해 지도한다.

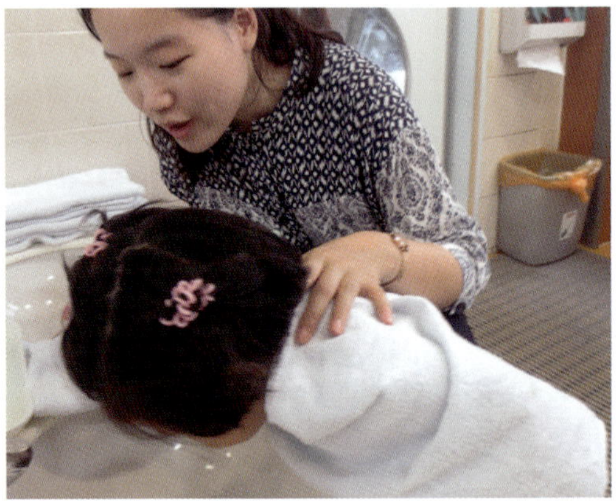

양칫물 뱉는 것 도와주기

만 3, 4세

특성

- 이 닦기의 전 과정을 이해하고 적극적으로 참여할 수 있는 능력이 생긴다.
- 치약 짜기, 이 닦기, 양치컵/ 치약/ 칫솔을 정리할 수 있는 능력이 생긴다.

교사의 역할

- 이 닦기의 전 과정을 적절히 수행하도록 개별적으로 지도한다.
- 교사는 유아가 이 닦는 것을 자세히 살펴보고 도움이 필요한 유아를 개별적으로 도와준다.
- 만 3세의 경우는 유아가 스스로 이를 닦되 마무리는 교사가 돕는다.
- 만 3세의 경우는 자신의 치약 찾기, 치약 뚜껑 열고 닫기, 적당한 양의 치약 짜기, 이를 깨끗하게 닦기, 양치컵과 칫솔을 깨끗이 헹구기를 제대로 할 수 있도록 개별적으로 지도한다.
- 필요한 경우는 학급에서 진행되는 활동과 연계한다(예 치과의사 모셔 이야기 듣기, 관련 책이나 영상 보기).

만 5세

특성

- 이 닦기의 전 과정을 이해하고 주도적으로 참여할 수 있는 능력이 생긴다.

교사의 역할

- 학급 모든 유아의 양치컵 준비하기, 적당한 양의 치약 짜기, 충분한 시간 동안 이 닦기, 컵과 칫솔을 깨끗하게 씻어서 소독기에 넣기 등을 제대로 하도록 학급 전체 유아를 대상으로 지도한다.

이 닦기에 적절한 환경

이 닦기의 두 가지 목표 달성을 위해 준비할 환경은 다음과 같다.

① 이 닦는 과정에 대한 화보

② 개별 도구

③ 칫솔 소독기

④ 다음 활동으로의 전이 전에 놀이할 공간

이 닦는 과정에 대한 화보

만 1, 2, 3, 4, 5세

- 깨끗하게 이를 닦는 과정에 대한 화보가 있으면 화장실에 붙여준다.

이 닦는 과정을 보여주는 화보

개별 도구

만 1, 2, 3, 4, 5세

- 각 가정에서 준비한 컵, 치약, 칫솔을 준비한다.

영아반: 찾기 쉽도록 개인용 치약, 칫솔, 컵을 따로 준비

유아반: 자신의 것을 찾을 수 있으므로 치약, 칫솔, 컵을 함께 보관

칫솔 소독기

만 1, 2, 3, 4, 5세

- 각 학급별 칫솔 소독기를 활동실이나 화장실에 배치한다.

화장실에 배치한 칫솔 소독기

다음 활동으로의 전이 전에 놀이할 공간

만 1, 2, 3, 4, 5세

- 이 닦기를 학급에서 하지 않고 식당이나 다른 장소에서 할 경우 이를 닦은 후 학급의 모든 영유아가 이를 닦을 때까지 기다리며 놀이할 수 있는 공간을 준비해 준다.

이 닦기 순서를 기다리며 놀이하기

스스로 이 닦는 능력 기르기

이 닦기 준비부터 정리 · 정돈까지의 전 과정을 스스로 할 수 있도록 지도한다. 스스로 이 닦는 능력 기르기에 대한 최종 목표를 달성하기 위해 연령별로 다음의 사항을 고려하여 지도한다.

① 이 닦기 준비

② 이 닦기

③ 정리 · 정돈

이 닦기 준비

만 1세

- 물 양치나 이 닦기 시간이 다가옴을 영아에게 자연스럽게 알린다(예 "간식 다 먹으면 물 양치하자.", "점심 먹고 이 닦고 자자.").
- 이 닦는 이유를 지속적으로 알려 영아를 화장실로 데려가거나 협조하게 한다.
- 이 닦기에 익숙해지면 점차 자신의 컵과 칫솔 찾기에 참여하게 한다.

이 닦기 위해 데려오기

자기 칫솔 찾기

만 2세

- 간단한 그림이나 표시를 보고 자신의 치약, 칫솔, 컵을 찾도록 한다.
- 같은 치약과 칫솔이 있는 경우 만 2세는 간단한 상징을 이해할 수 있으므로 스티커 등을 이용해 개인 표시를 붙여준다.
- 교사가 영아 2~3명의 이 닦기를 도와줄 동안 다음 순서의 영아는 의자에 앉아서 또래가 이 닦는 것을 보거나 화장실 입구에서 책을 보며 기다리게 한다. 기다리면서 또래가 하는 것을 보고 배우기도 하고, 차례 지키기나 기다리기에 대한 개념도 익힐 수 있다.

줄 서서 기다리기

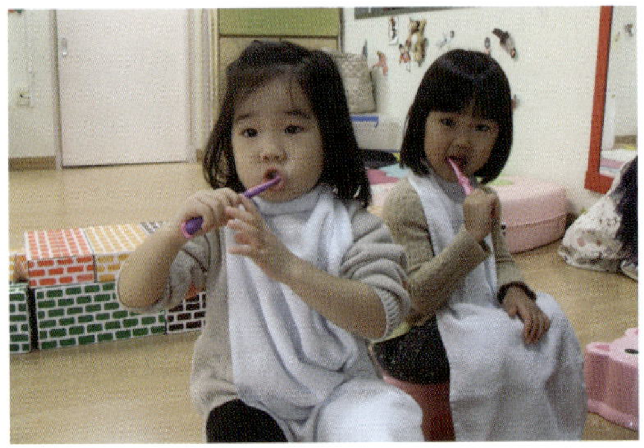

화장실 밖에서 이 닦으면서 기다리기

화장실 입구에서 책 보며 차례 기다리기

만 3, 4세

- 간식이나 급식 후의 시차를 이용하여 준비된 유아부터 자발적으로 닦게 한다.
- 대부분의 유아가 적당량의 치약을 스스로 짤 수 있으므로 어려움이 있는 유아만 교사가 개별적으로 지도한다. 단, 만 3세의 경우 학기 초 전반적인 치약 사용 방법을 모든 유아에게 개별적으로 지도한다.

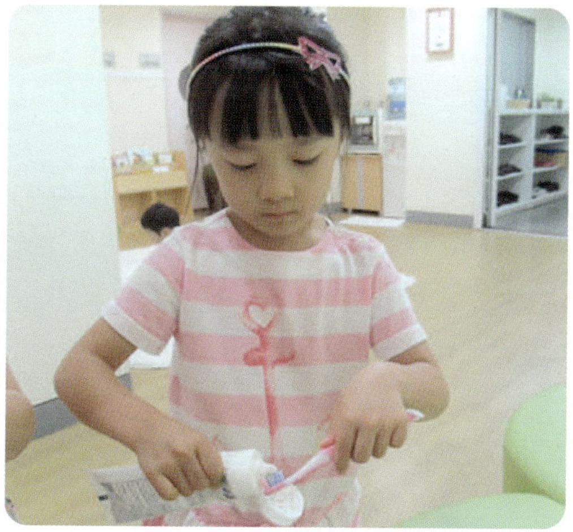

혼자 치약 짜기

만 5세

- 교사의 도움 없이 이 닦는 준비를 할 수 있다.

이 닦기

만 1세

- 영아의 협조를 구할 때 지속적으로 이유를 알려 영아가 이해하도록 하며 지도한다(예 "자꾸 움직이면 칫솔이 찔러서 아파.", "입을 크게 벌려야 깨끗하게 잘 닦을 수 있어.").
- 영아가 스스로 할 수 있는 것(예 양칫물 뱉기)은 교사의 지도와 시범을 통해 가르친다.
- 다른 영아가 교사와 이를 닦는 동안 관심 보이는 영아가 있으면 칫솔을 입에 넣고 이 닦기를 해보도록 지도한다.
- 2학기에는 자신의 컵과 칫솔을 찾아보도록 지도한다.

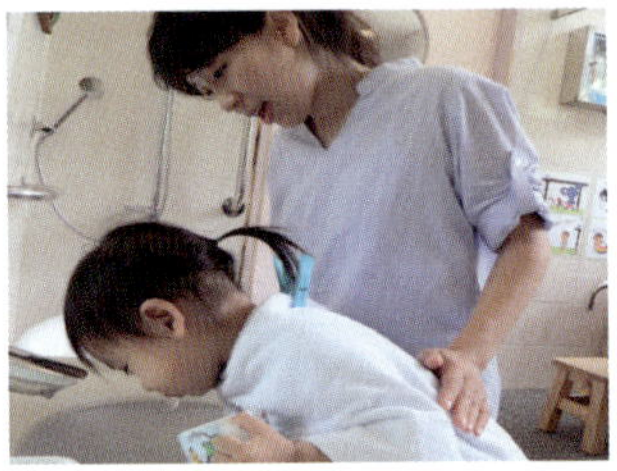

양칫물 뱉기 지도하기

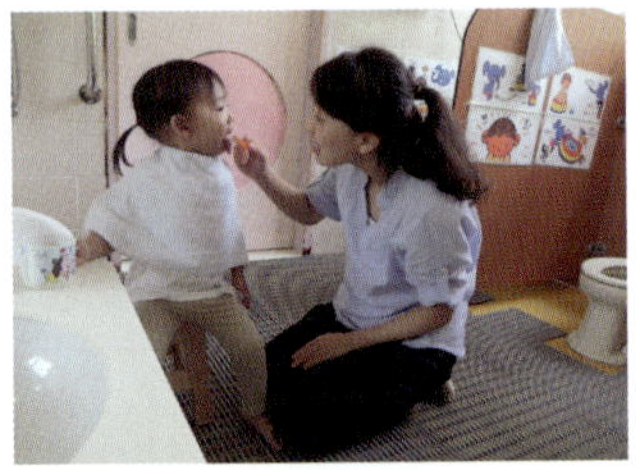

교사가 다시 닦아주기

옆에서 기다리기

2학기에 자기 컵과 칫솔 직접 찾기

만 2세

- 영아가 교사와 함께 치약을 짜보고 거울을 보면서 스스로 이를 닦게 지도한다.

교사와 함께 치약 짜기

거울 보며 스스로 이 닦기

- 영아가 먼저 닦은 후 교사가 다시 닦아준다.

교사가 다시 닦아주기

- 영아가 혼자 닦거나 교사가 다시 닦아줄 때 지속적으로 바른 이 닦기 방법을 지도한다(예 "음식 찌꺼기가 없나 살펴보자.", "옷에 양치물을 뱉지 않도록 고개를 숙여봐.").
- 이 닦기와 관련된 학급 활동을 개별 영아와 실시한다.

만 3, 4세

- 이 닦는 순서(예 윗니, 아랫니, 어금니, 혓바닥)에 따라 깨끗하게 닦도록 다수의 유아를 대상으로 지도한다.
- 이를 닦은 후 교사에게 음식 찌꺼기가 남아있지 않은지 점검받도록 한다. 만 3세의 경우 유아가 스스로 이를 닦되 마무리는 교사가 돕는다.
- 만 4세 후반이 되면 가끔 점검한다.

만 5세

- 교사의 지도 없이도 적당량의 치약 짜기, 이 닦기, 헹구기를 할 수 있다.
- 이 닦기를 대충하는 유아를 중심으로 지도한다(예 "시계 바늘이 3바퀴 돌 동안 구석구석 닦자.").
- 많은 수의 유아가 함께 이 닦기를 하므로 교사는 전체 유아를 대상으로 이 닦기가 순조롭게 진행되도록 언어적으로 지도한다(예 "다음 사람이 기다리니 부지런히 하자.", "저기 빈자리가 생겼어.", "다 닦은 사람은 뛰어다니지 말고 정리한 후 앉아서 놀자.").
- 관련된 사회적 예절을 익힐 수 있도록 지도한다(예 "이를 닦고 뱉은 물이 다 내려가도록 마지막에 물을 틀자.", "칫솔의 물기를 털 때 다른 사람에게 튀지 않게 하자.").

정리 · 정돈

공통

- 주말에 가정으로 보내 소독하거나 칫솔이 낡았으면 새 칫솔로 교환해 오도록 한다.

만 1세

- 교사가 컵과 칫솔을 깨끗이 닦아 정리한다.

이를 닦은 후 소독기에 컵과 칫솔 소독하기

만 2세

- 영아가 먼저 컵과 칫솔을 닦은 후 교사가 다시 헹궈준다.

만 3, 4세

- 컵과 칫솔을 깨끗하게 닦지 않은 유아만 교사가 개별적으로 지도한다.
- 치약 뚜껑을 바로 닫고 정리하도록 지도한다.

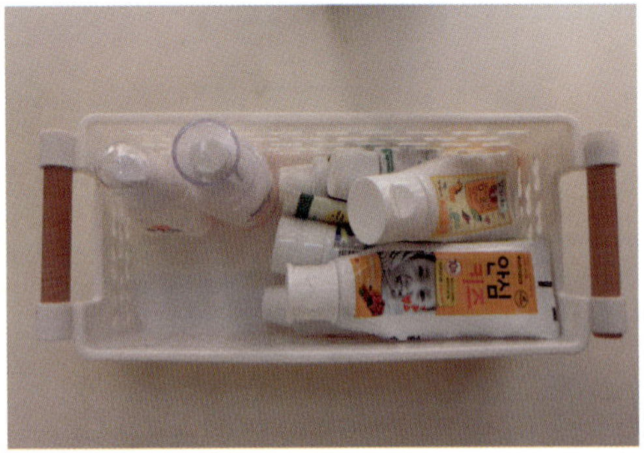

치약 정리함

만 5세

- 컵, 치약, 칫솔을 깨끗이 제대로 정리하도록 지도한다.

이 닦기 도구 정리

옷 입고 벗기 지도

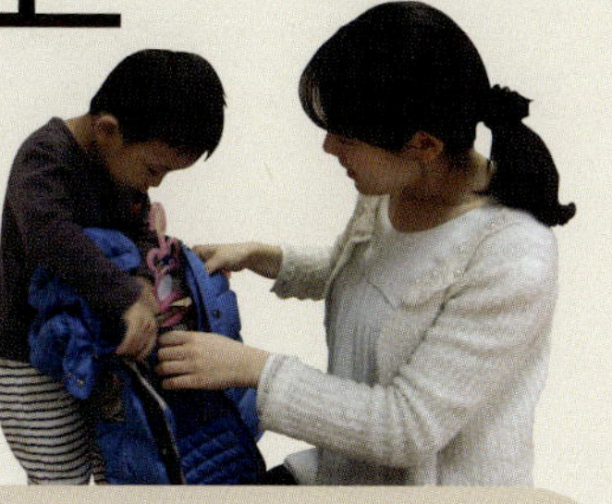

- 옷 입고 벗기 지도에 대한 이해
  - 목표
  - 연령별 지도와 유의점

옷 입고 벗기에 적절한 환경
- 실내화와 신발
- 여벌의 옷
- 겉옷
- 개인장(바구니) 또는 옷걸이의 표시

스스로 옷 입고 벗기 능력 기르기
- 신발 벗고 신기
- 옷 입고 벗기/ 정리하기(양말)
- 옷 입고 벗기/ 정리하기(윗옷, 아래옷)
- 겉옷 입고 벗기/ 정리하기

옷 입고 벗기 지도에 대한 이해

목표

옷 입고 벗기 지도는 스스로 옷을 입고 벗어서 바르게 정리하는 능력을 기르는 목표를 가지고 진행한다.

① 스스로 옷 입고 벗기 능력 기르기

연령별 지도와 유의점

옷 입고 벗기의 최종 목표를 달성하기 위해 연령별로 다음의 사항을 고려하여 지도한다.

만 1세

● 특성

- 스스로 옷을 입고 벗을 능력이 아직 없다.

● 교사의 역할

- 교사가 옷을 입고 벗을 때의 전 과정을 맡아서 지도한다.
- 자기 옷이나 신발 찾기, 교사가 입혀주거나 벗겨줄 때 협조하기의 방식으로 영아가 참여하도록 지도한다.

만 2세

● 특성

- 스스로 옷을 입고 벗는 능력이 급속히 발달하나 대 · 소근육 협응과 앞/ 뒤를 구별하는 능력이 아직 부족하기 때문에 교사의 도움이 많이 필요하다.

● 교사의 역할

- 입기보다 벗기가 용이하므로 영아의 발달을 고려하여 실내화 신고 벗기, 양말 벗기, 신발 벗기, 겉옷 벗기 등을 점차적으로 할 수 있도록 지도한다.
- 영아의 발달에 따라 헐렁한 옷 입기부터 지도한다.

만 3세

특성

- 꼭 끼는 옷이 아니면 스스로 입을 수 있다.
- 신발의 방향 바로 하여 신기, 단추 채우기 등에는 교사의 도움이 필요하다.

교사의 역할

- 꼭 끼는 옷 입기, 신발 방향(왼쪽과 오른쪽) 바로 하여 신기, 옷걸이에 옷 걸기, 옷을 개서 바구니에 넣기 등을 개별적으로 지도한다.

만 4, 5세

특성

- 스스로 옷을 입고 벗을 능력이 생긴다.

교사의 역할

- 옷이나 신발을 단정(예 옷을 바로 펴서 입기, 신발 구겨 신지 않기)하게 입도록 지도한다.
- 옷이나 양말을 바로 개서 바구니에 넣거나 옷걸이에 걸도록 개별적으로 지도한다.

옷 입고 벗기에 적절한 환경

옷 입고 벗기 지도의 목표 달성을 위해 준비할 환경은 다음과 같다.

① 실내화와 신발

② 여벌의 옷

③ 겉옷

④ 개인장(바구니) 또는 옷걸이의 표시

실내화와 신발

만 1, 2, 3, 4, 5세

- 실내화와 신발을 따로 넣을 수 있도록 분리된 장을 준비한다.

여벌의 옷

만 1, 2, 3, 4, 5세

- 여벌의 옷을 넣을 바구니를 준비한다.
- 사용한 여벌의 옷은 매일 또는 금요일 이불가방을 보낼 때 함께 가정으로 보낸다.

겉옷

만 1, 2, 3, 4, 5세

- 개인장이 있는 경우에는 개인장의 옷걸이에, 개인장이 없는 경우에는 긴 옷걸이를 이용한다.

긴 옷걸이

개인장(바구니) 또는 옷걸이의 표시

만 1세

- 1학기 초에는 성인이 신발을 찾아주기 때문에 신발장에는 이름만 글자로 표시한다.
- 1학기 중반부터는 개인 사진과 함께 이름을 표시하여 영아도 스스로 찾아볼 수 있도록 한다.

• 개인장에는 분리 시 가족의 모습으로 쉽게 위로 받을 수 있도록(적응에 도움이 되도록) 가족 사진을 붙여 표시한다.
• 2학기에는 개인 사진과 이름으로 표시하여 영아 스스로 찾도록 한다.
• 옷걸이는 주로 성인이 사용하나 영아가 사진을 발견하고 자신의 옷을 인식할 수 있도록 사진을 달아 표시한다.

1학기 초: 개인 이름으로(신발장)

1학기 중반: 개인 사진과 이름으로 표시(신발장)

1학기: 가족 사진으로 표시(개인장)

2학기: 개인 사진과 이름으로 표시(개인장)

만 2세

- 적응 프로그램 때 편안하고 따뜻한 느낌을 주기 위해 원형으로 된 틀을 사용한다.

원형 이름표

- 글자가 상징임을 인식하기 전 단계로 그림을 상징의 수단으로 인식할 수 있다.
- 1학기 때는 자신의 자리를 인식하도록 개인 사진을 그림보다 크게 붙인다.
- 2학기 때는 자신 및 또래의 자리 표시에 익숙하기 때문에 사진을 빼고 상징 그림만 크게 붙인다.
- 글자가 상징의 수단임을 인식하도록 영아 이름 글자도 같이 적는다.

1학기

2학기

• 신발장, 실내화장의 경우 등 · 하원을 담당하는 양육자가 다를 수 있으므로 영아의 개인 물품 관리를 위해 성인이 읽을 목적으로 작은 크기의 영아 이름 글자도 함께 적는다.

성인을 위해 사진, 상징, 이름을 함께 사용한 이름표

• 2학기에는 영아가 자신의 개인 물품을 기억하고 관리할 수 있으므로 교실의 개인장 표시처럼 영아가 보는 목적으로 상징 그림, 영아 이름만 넣는다.

2학기: 각 영아의 상징 그림과 이름으로 표시

만 3세

- 교사가 정해주는 것이 아니라 유아가 상징 그림과 얼굴 사진 중 직접 선택하도록 한다.
- 1학기 때는 글자보다 상징 그림, 얼굴 사진을 크게 하여 자리를 찾도록 한다.
- 2학기에는 유아가 글자에 관심을 보이고 이름 글자를 인식하는 유아의 수가 증가하기 때문에 그림의 크기를 줄이고 글자의 크기를 키운다.

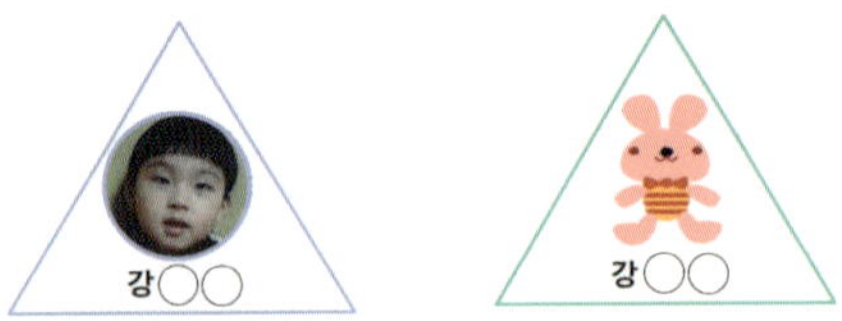

1학기

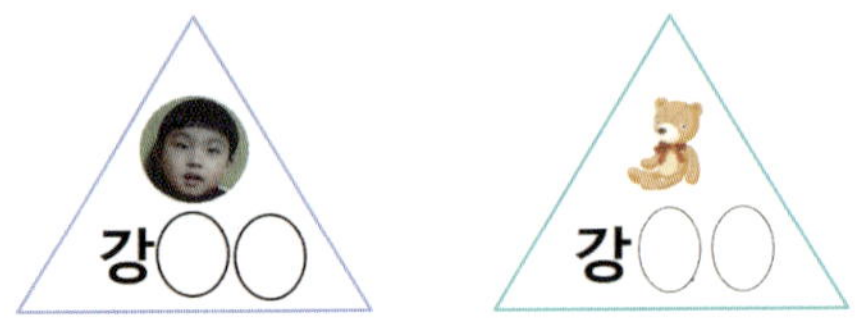

2학기

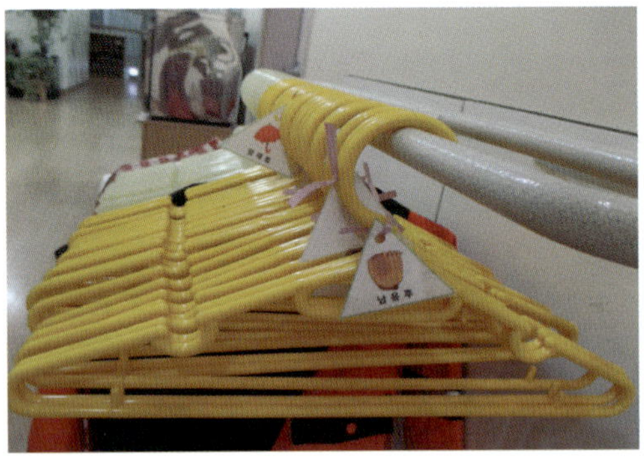

1학기

2학기

만 4, 5세

- 자신의 이름이나 친구의 이름과 같은 익숙한 단어는 읽고 쓸 수 있어 글로 개인장 표시를 한다.
- 유아가 스스로 원하는 장의 위치를 선택하고 자신의 이름을 글로 써 표시하도록 한다.
- 2학기 때는 이름을 쓸 수 있는 칸이 작아진다.

유아가 직접 만든 개인장 표시

스스로 옷 입고 벗기 능력 기르기

신발, 웃옷, 아래옷, 겉옷을 입고 벗는 과정을 스스로 할 수 있도록 한다. 스스로 옷 입고 벗기 능력 기르기에 대한 최종 목표를 달성하기 위해 연령별로 다음의 사항을 고려하여 지도한다.

① 신발 벗고 신기

② 옷 입고 벗기/ 정리하기(양말)

③ 옷 입고 벗기/ 정리하기(웃옷, 아래옷)

④ 겉옷 입고 벗기/ 정리하기

신발 벗고 신기

만 1세

- 관련된 기본 어휘(예 실내화, 바깥신, 신자, 벗자)를 익힐 수 있도록 교사가 정확히 사용한다.
- 영아가 자신의 장임을 인식하도록 꾸준히 지도한다(예 장에 붙은 사진 보기, 교사와 같이 가서 찾아보기).
- 실내화와 바깥신을 신는 때가 다름을 영아가 인식하도록 지도한다(예 "산책을 나갈 것이니 바깥신을 신자.", "유희실에 갈 것이니 실내화를 찾아와.").
- 적응 기간이 끝나면 자신의 신발 찾기, 찾아서 들고 오기, 제자리에 다시 놓기 등을 통해 신발 신고 벗기에 영아가 참여하게 한다.

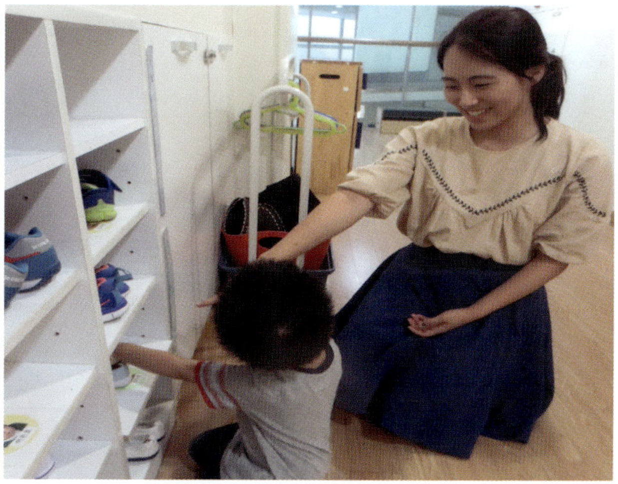

교사가 영아의 신발을 가리키며 알려주기

• 신기보다는 벗기를 먼저 할 수 있고, 바깥신보다는 실내화 벗기가 쉬우므로 스스로 벗어보게 격려한다.

스스로 벗을 수 있도록 교사가 뒤꿈치 잡아주기

• 영아가 신발을 신고 벗는 과정에 일부분이라도 참여하게 한다(예 신발에 발대기/ 힘주라고 하면 힘주기/ 교사 어깨 잡고 서기).

신발에 발대기

교사가 힘주라고 말하면 힘주기

교사 어깨 잡고 서서 신거나 벗기

만 2세

- 학기 초에 자신의 장과 실내화와 바깥신을 구분해서 놓는 자리를 알도록 지도한다.
- 실내화와 바깥신을 신는 때가 다름을 인식하고 적절한 신발을 찾아오도록 격려한다(예 "산책을 갈 건데 어떤 신발을 가져와야 할까?", "유희실에 신고 갈 신발을 신자.").

장소에 맞게 실내화와 바깥신 찾아 신기

- 서서 신고 벗기 어려운 영아는 앉아서 신고 벗도록 지도한다.

앉아서 신발 신기

만 3, 4, 5세

- 만 3~5세는 스스로 신발을 신고 벗는 능력이 있으므로 교사의 지도가 필요하지 않다.
- 신을 바르게 신는 방법(예 구겨 신지 않기/ 뒤꿈치 부분에 손가락을 넣어 신기)과 장에 바르게 정리하는 습관을 갖도록 지도한다.
- 만 3세의 경우 신기 어려운 신발(예 겨울 부츠, 끈을 매야 하는 신발)을 신을 때만 교사가 도와주며 신는 법을 지도한다(예 "이 신발은 지퍼를 다 내리고 벌려야 신을 수 있어.").
- 만 3세의 경우 신발의 좌우를 구별할 수 있게 지도한다(예 신발 엄지발가락 부분에 표시해서 표시가 맞닿도록 신게 하기/ 바꿔 신을 경우 불편하지 않은지 느껴보게 하기).
- 스스로 신발의 좌우 구별을 시도할 수 있도록, 알아보기 쉬운 표시를 그려준다.

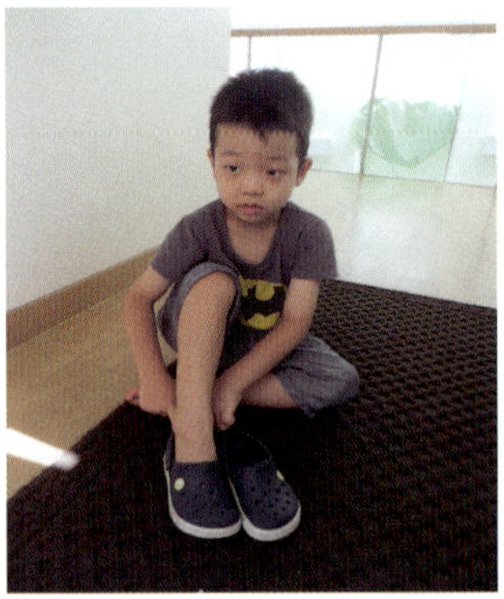

뒤꿈치에 손가락 넣어 바르게 신기

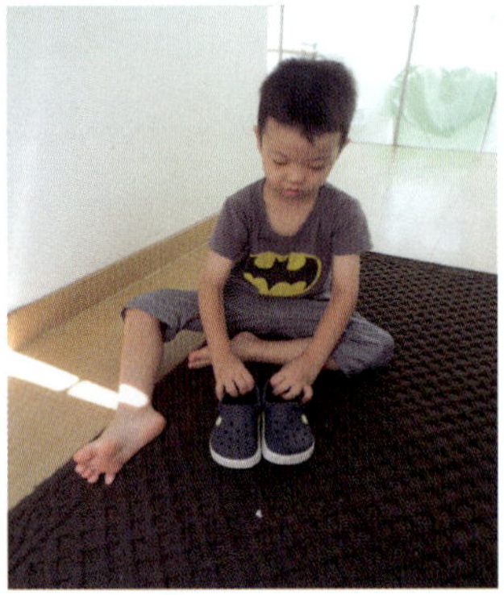

신발 좌우 대보기

유아가 스스로 좌우 구별하도록 신발에 표시

옷 입고 벗기/ 정리하기(양말)

만 1세

- 1학기 중반부터 헐렁한 양말일 경우 교사가 발등까지 벗겨주면 스스로 벗어보도록 지도한다.
- 2학기에는 스스로 양말을 벗도록 하고, 발등까지 신겨준 후 잡아당겨 신도록 격려한다.

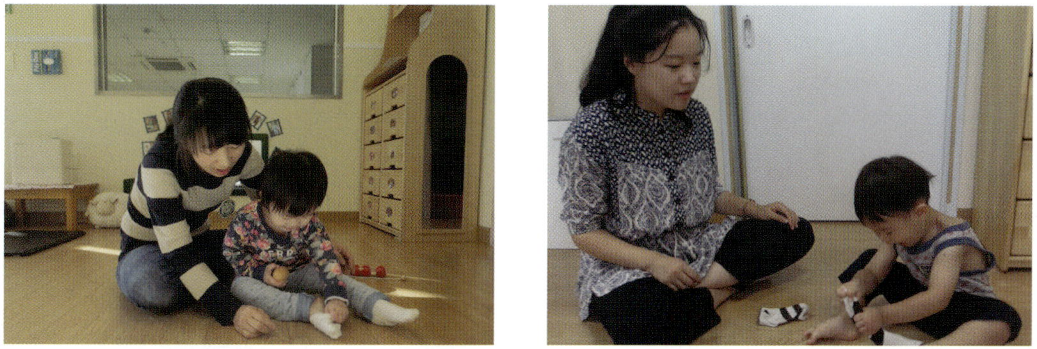

1학기: 발등까지 벗겨주면 스스로 벗으려고 시도하기

2학기: 교사의 도움 받아 양말 신고 벗기

만 2세

- 1학기에는 발등까지 신겨준 후 스스로 신도록 격려하고, 2학기에는 스스로 신도록 양말 신기 전략을 이야기해 주거나 또는 시범을 보여 지도한다.

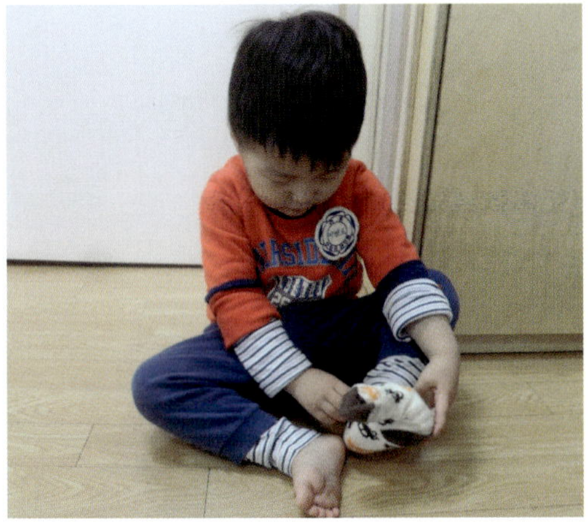

스스로 양말 신어보기

- 양말에 손을 넣어 발을 넣기 좋게 펴주고 스스로 신어보게 지도한다.

양말을 평평하게 해주기

스스로 양말 신어보기

- 손으로 잡아당겨서 신지 않고 발을 끼우고, 발목 부분을 올리는 방법으로 신을 수 있게 지도한다.

발목 부분 올리기

- 양말을 신은 후 발등과 발뒤꿈치가 바로 위치했는지 점검하도록 지도한다.

잘못 신은 부분 가리키기

만 3, 4, 5세

- 땀이 나거나 끼는 양말이 아니면 스스로 신을 수 있다.
- 양말을 바로 정리하는 습관을 갖도록 지도한다(예 뒤집어 벗지 않기, 벗은 후 동그랗게 말거나 포개어 접기).

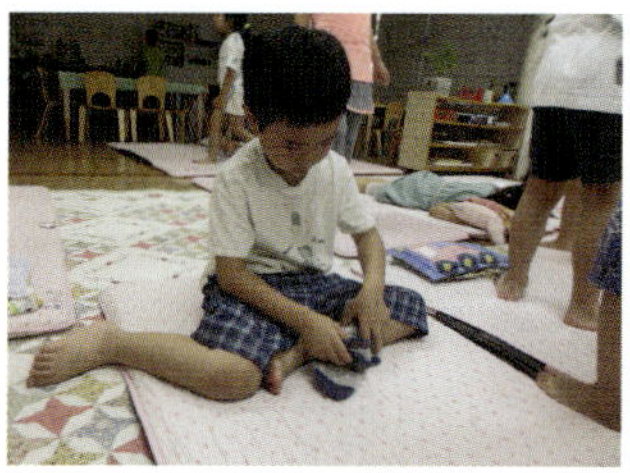

낮잠 자기 전 양말 정리하기

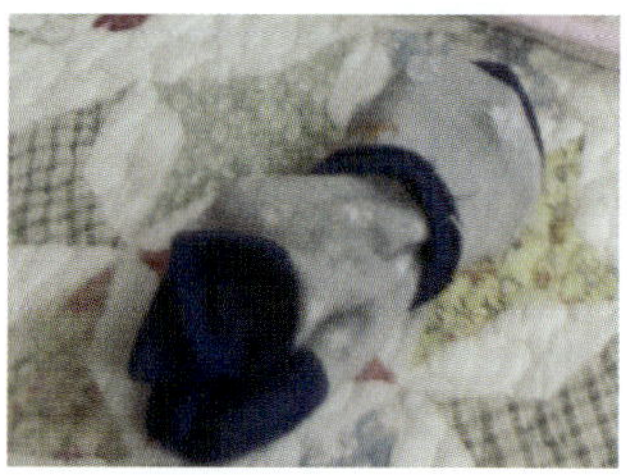

포개어 접은 양말

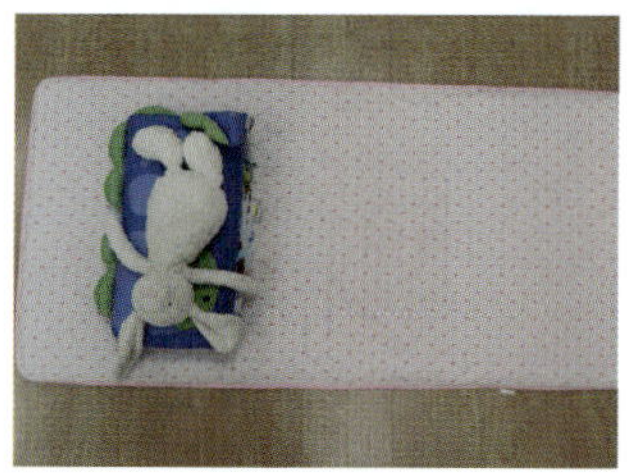

베개 아래 넣은 양말

옷 입고 벗기/ 정리하기(윗옷, 아래옷)

만 1세

● 윗옷

- 만 1세는 팔, 다리가 짧고 몸이 두꺼운 체형이므로 교사가 입히고 벗겨준다.
- 영아에게 어떻게 해야 잘 벗을 수 있고 입을 수 있는지를 알려줌으로써 참여하도록 유도한다(예 "선생님이 벗겨줄게. 팔을 번쩍 들어보자.").

● 아래옷

- 아래옷은 영아 스스로 벗기 쉬우므로 윗옷보다 더 적극적으로 참여하도록 지도한다.
- 영아 혼자 벗기 어려운 부분만 도와주고 나머지는 스스로 벗게 지도한다(예 바지를 내리게 하고 발에서 빼는 부분만 도와주기/ 스스로 올린 후 교사가 정리해주기).

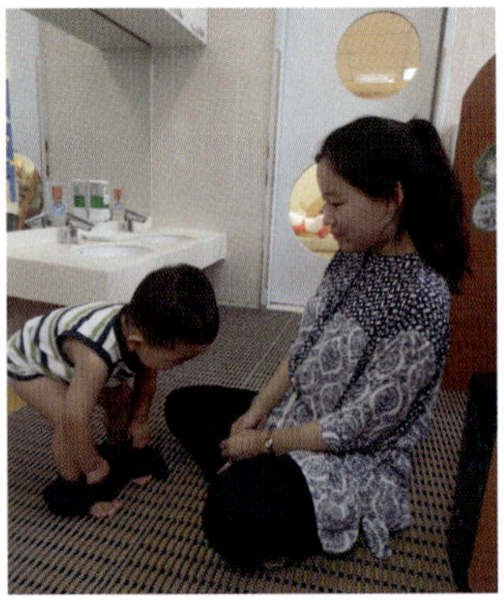

스스로 바지 내리기

스스로 바지 올리기

교사가 정리해주기

만 2세

윗옷

- 영아 혼자 입기 어려운 부분만 도와주고 나머지는 스스로 입게 지도한다(예 머리부터 입는 옷은 머리에 끼워주고 영아가 잡아당기게 하기/ 팔을 소매에 끼워주면 영아가 팔 뻗게 하기).

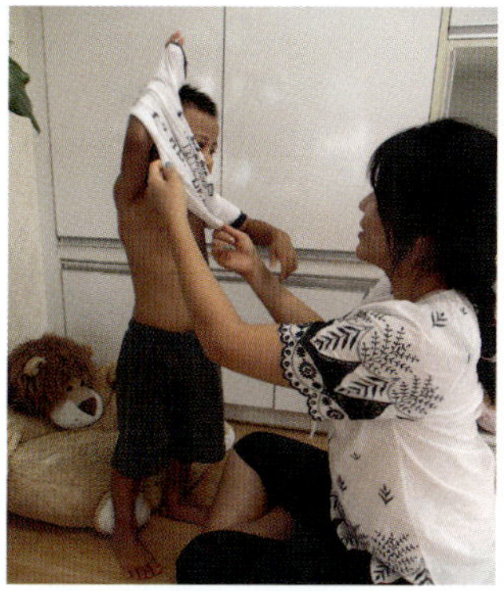

머리에 걸친 옷 영아가 잡아 당기기

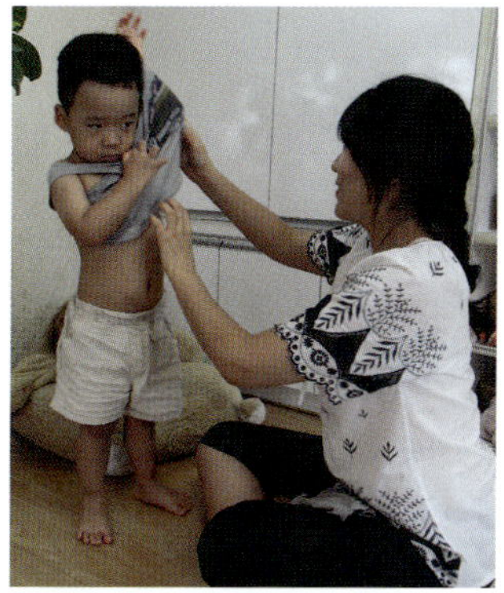

팔만 끼워주기

아래옷

- 단추가 있는 옷을 제외하고는 영아 혼자 벗을 수 있으므로 교사가 최소한의 도움만 제공한다.
- 바지나 치마를 올린 후 교사가 바로 입혀서 불편하지 않게 도와준다.

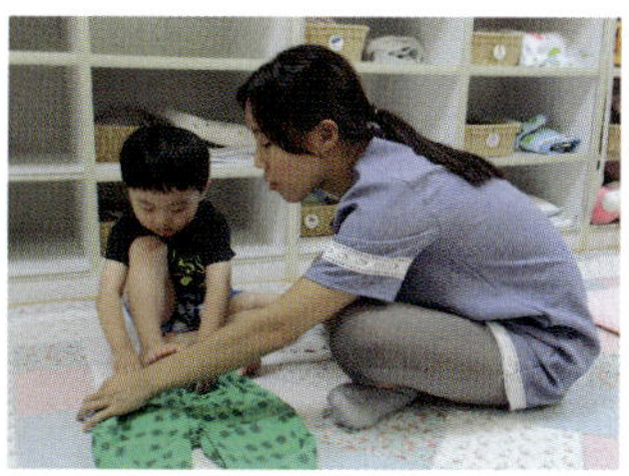

바지 바로 펴기

바지에 발 넣기

바지 올리기

교사가 바로 입혀주기

웃옷 내리기

만 3세

웃옷, 아래옷

- 옷을 쉽게 입거나 벗는 방법(예 한쪽 팔을 먼저 빼고 나머지 빼기)을 알려준다.
- 옷을 바로 정리하는 방법(예 뒤집힌 옷 바로 하기)을 알려준다.

한쪽 팔을 먼저 빼어 옷 벗기

뒤집어진 옷 바로 하기

만 4, 5세

- **웃옷, 아래옷**
  - 유아 혼자 입기 어려운 부분(예 작은 단추나 리본, 뒤에 달린 지퍼)을 제외하고는 교사의 도움이 필요하지 않다.
  - 낮잠 잘 때 옷을 바로 개어놓을 수 있게 지도한다.

잠자기 전 옷 개어 정리하기

겉옷 입고 벗기/ 정리하기

만 1세

- 신발 찾기 지도와 마찬가지 방법으로 겉옷 찾기를 지도한다(예 영아가 외투 찾는 것을 도와주기).
- 외투는 웃옷보다 크기가 큰 경우가 많으므로 영아가 더 적극적으로 참여하도록 지도한다(예 "이제 몸을 돌려서 이쪽 팔을 끼워보자.").
- 교사가 옷걸이에 걸어주지만 영아에게 해당 행위에 대한 내용을 이야기하며 관심을 갖도록 지도한다(예 "선생님이 ㅇㅇ옷을 옷걸이에 걸어야지.", "옆에는 ㅁㅁ의 옷이 걸려있네.", "떨어지지 않게 잘 걸어야지.").

외투 가리키기

외투 입혀주기

옷걸이에 걸어주기

만 2세

- 스스로 할 수 있는 부분(예 교사가 잡아주면 지퍼 내리고 올리거나 외투에서 팔 빼기, 지퍼 끝부분만 교사가 끼워주고 지퍼 올리기는 스스로 조작하기)을 하도록 격려한다.

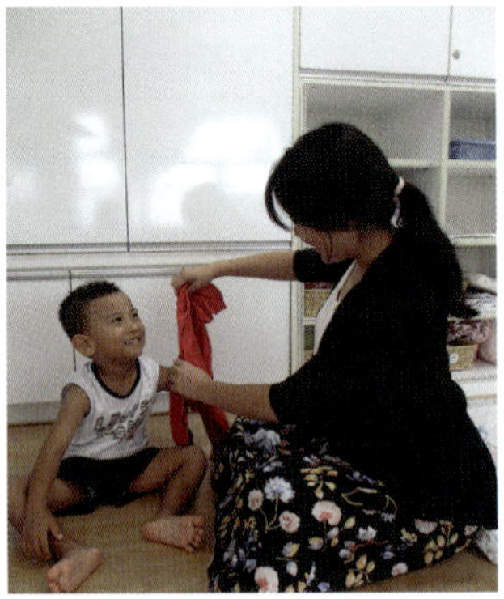

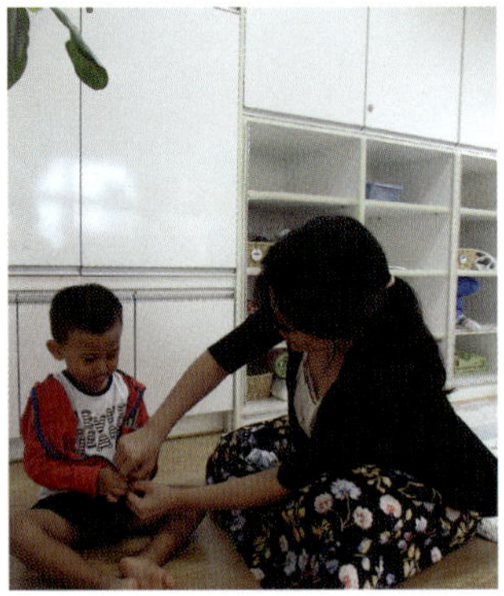

지퍼 끝부분만 끼워주고 스스로 올리기

스스로 지퍼 올리기

- 스스로 옷 입는 전략을 알려준다(예 옷이 큰 경우 펼쳐 놓고 반대편에서 팔을 끼운 후 만세하며 옷 입기).

펼쳐 놓은 옷 반대편에서 팔 끼우기

만세하며 옷 입기

- 교사가 옷걸이에 걸 때 영아가 참여하도록 격려한다(예 교사가 옷걸이를 잡고 한쪽을 걸면 다른 쪽은 영아가 걸기).

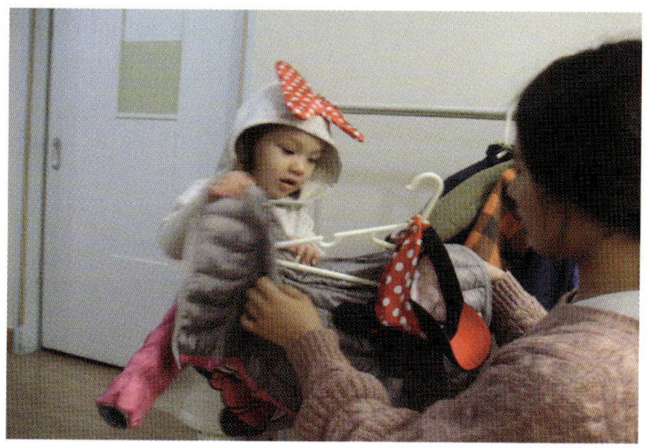

교사와 함께 옷걸이에 옷 걸기

만 3, 4세

- 유아 스스로 입기 어려운 부분(예 너무 작거나 빽빽한 단추/ 지퍼)만 교사가 도와주고 전략을 지도한다(예 "옷 아래를 잡고 지퍼를 내려보자.").
- 교사가 옷걸이를 잡아주면 유아가 걸도록 지도한다.
- 바닥에 옷을 놓고 옷걸이에 걸어보도록 지도한다.

1학기: 교사의 도움 받아 옷 걸어보기

2학기: 스스로 옷걸이에 옷 걸어보기

만 5세

- 교사의 도움 없이 유아 스스로 입고 벗을 수 있다.
- 도움이 필요한 경우 또래 유아끼리 돕도록 격려한다.
- 바로 입었는지 확인하는 습관을 갖도록 지도한다(예 단추 제대로 채우기).
- 옷걸이에 옷을 바로 걸거나 중간에 떨어진 옷을 다시 거는 습관을 갖도록 지도한다.

옷 입는 것 서로 도와주기

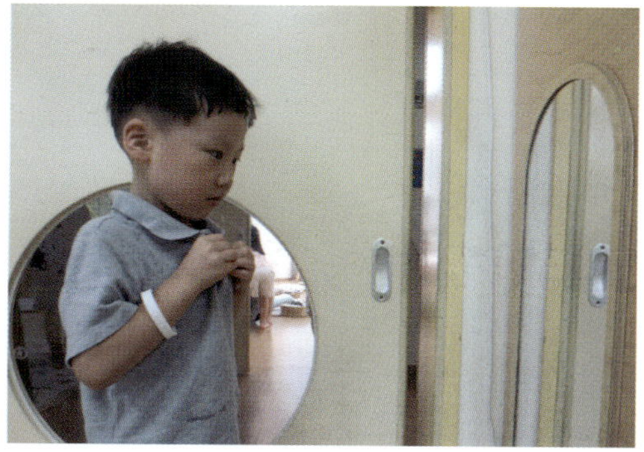

거울 보고 단추 채우기

배변 훈련 및 용변 처리 지도

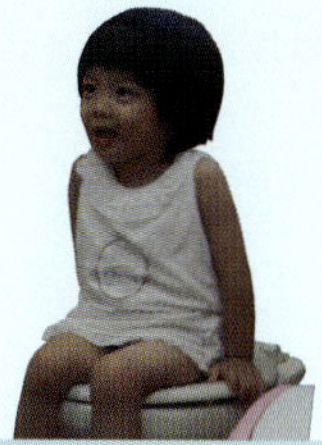

- 배변 훈련 및 용변 처리 지도에 대한 이해
  - 목표
  - 연령별 지도와 유의점

배변 훈련 및 용변 처리하기에 적절한 환경

- 개인 물건 보관장
- 기저귀 갈이대
- 청결한 기저귀 갈이를 위한 환경
- 안전한 기저귀 갈이를 위한 환경
- 기저귀 갈이를 위한 교육적 환경
- 기저귀 갈이 순서
- 화장실
- 세면대
- 휴지/ 물휴지

배변 훈련 및 용변 처리 능력 기르기

- 요의/ 변의 표현하기
- 필요한 물건 가져오기
- 옷 내리기/ 올리기
- 기저귀 갈기
- 기저귀 떼기
- 변기 사용하기
- 화장실 가기
- 용변 후 처리하기

배변 훈련 및 용변 처리 지도에 대한 이해

목표

배변 훈련 및 용변 처리 지도는 영아의 경우 요의(尿意)/ 변의(便意)를 느끼고 화장실에 갈 때까지 참는 능력, 유아의 경우 소변과 대변 처리를 스스로 하는 능력을 길러주는 목표를 가지고 진행한다.

① 배변 훈련 및 용변 처리 능력 기르기

연령별 지도와 유의점

배변 훈련 및 용변 처리 지도의 최종 목표를 달성하기 위해 연령별로 다음의 사항을 고려하여 지도한다.

만 1세

특성

- 만 1세 후반이 되면 대변과 소변을 본 후 교사에게 알릴 수 있으나 그 전에는 대 · 소변을 보았는지 살피기와 기저귀 갈이를 교사가 맡아서 한다.

교사의 역할

- 기저귀 갈이에 대한 이해와 준비 수준이 월령에 따라 매우 다르므로 개별 영아의 발달 단계에 맞게 지도한다.
- 영아가 이해를 못해도 기저귀 갈이의 전 과정에 대해 말하며 영아를 참여시킨다(예 "쉬했나 보자.", "○○의 기저귀를 가지러 가자.", "○○가 기저귀를 꺼내보자.", "선생님이 준비하는 동안 기다리자.", "누워보자." 등).

만 2세

특성

- 대 · 소변을 보고 싶은 느낌 또는 본 후 느낌을 표정이나 언어로 표현할 수 있고 기저귀 갈이에 적극적으로 참여할 수 있다.
- 배변 훈련할 수 있도록 인지적, 신체적, 언어적, 정서적 발달이 이루어진다(기저귀를 성공적으로 뗀 영아는 영아용 변기를 사용한다는 것에 대해 성취감을 표현한다).

교사의 역할

- 배변 훈련에 대한 이해와 준비 수준이 월령에 따라 매우 다르므로 개별 영아의 발달 단계에 맞게 지도한다.
- 기저귀 갈이 과정에 더 적극적으로 참여하도록 격려(예 바지 내리기/ 올리기)한다.
- 변기 앞에서 짧은 옷을 쉽게 벗고 입을 수 있고 배변 훈련 중 신체에 묻은 오염물을 쉽게 씻고 말릴 수 있으므로 보통 여름에 배변 훈련을 진행한다.
- 여아는 변기 앞에서 쉽게 팬티를 내릴 수 있도록 배변 훈련 동안 원피스, 치마 입기를 권유한다.
- 남아는 변기 앞에서 쉽게 옷을 내릴 수 있도록 끈, 지퍼로 고정하는 바지 대신 고무줄 바지 입기를 권유한다.
- 배변 훈련은 가정과 연계하여 가정과 기관에서 보이는 영아 반응을 공유하면서 같은 속도로 진행한다.
- 영아가 신체의 일부처럼 애착을 느끼는 기저귀를 떼고 새로 입는 팬티에 흥미를 보일 수 있도록 영아가 자신이 입고 싶은 팬티를 직접 고르게 하는 등 팬티에 관한 긍정적인 상호작용을 많이 한다.
- 대변이나 소변을 보고 싶은(또는 보고 난 후의) 표정이나 몸짓을 교사가 잘 관찰하여 질문한다.
- 월령이 높아지면 교사가 묻기 전에 스스로 요의나 변의를 표현하도록 격려한다.
- 배변 훈련용 변기, 책, 놀잇감을 제공하거나 배변 훈련하는 다른 영아를 관찰하게 하여 영아가 배변 훈련 과정을 친숙하게 느끼게 한다.

만 3, 4, 5세

특성

- 스스로 용변을 보고 처리할 능력이 점차 생긴다.

교사의 역할

- 만 3~5세 유아 모두 소변 후 뒤처리할 수 있으므로 교사의 지원이 필요하지 않다.
- 만 4세 유아(일부 유아 제외)까지는 대변 후 뒤처리에 교사의 도움이 필요하다.
- 만 5세 유아는 대변 후 스스로 뒤처리를 할 수 있다. 경험이 없는 어린이들은 혼자서 닦는 연습을 할 수 있도록 교사가 방법을 알려주며 점차 스스로 처리하도록 한다.
- 화장실을 청결히 사용하는 습관(예 물 내리기/ 휴지통에 제대로 넣기)을 갖도록 지도한다.

배변 훈련 및 용변 처리하기에 적절한 환경

배변 훈련 및 용변 처리 지도의 목표 달성을 위해 준비할 환경은 다음과 같다.

① 개인 물건 보관장

② 기저귀 갈이대

③ 청결한 기저귀 갈이를 위한 환경

④ 안전한 기저귀 갈이를 위한 환경

⑤ 기저귀 갈이를 위한 교육적 환경

⑥ 기저귀 갈이 순서

⑦ 화장실

⑧ 세면대

⑨ 휴지/ 물휴지

개인 물건 보관장

만 1, 2세

- 각 영아가 사용하는 기저귀나 보습제를 따로 보관한다.

기저귀 갈이대와 개인 물건 보관장

기저귀 갈이대

만 1, 2세

- 다양한 영아용 기저귀 갈이대 중 교사가 사용하기 편리한 것을 준비한다.

좌식형 기저귀 갈이대

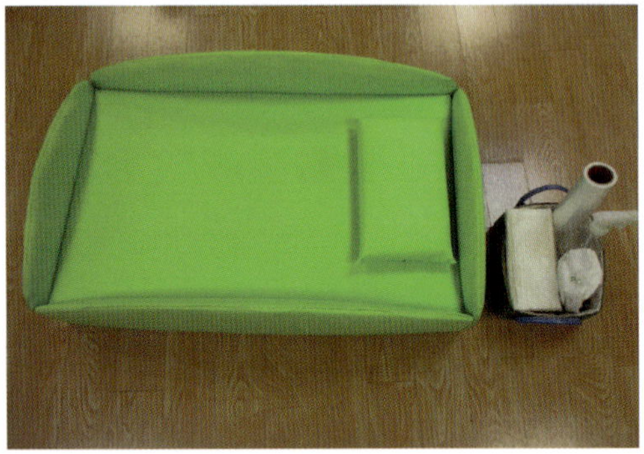

매트형 기저귀 갈이대

입식형 기저귀 갈이대

청결한 기저귀 갈이를 위한 환경

만 1, 2세

- 1회용 위생장갑(대 · 소변 모두 사용한다.)
- 소독제: 기저귀 갈이를 마친 후 기저귀 갈이대를 소독한다.
- 영아를 닦아 줄 물휴지
- 사용한 기저귀를 담을 1회용 비닐
- 휴지통: 발로 여닫는 뚜껑이 있는 휴지통(손으로 여닫지 않도록 주의한다.)

발로 여닫는 휴지통

  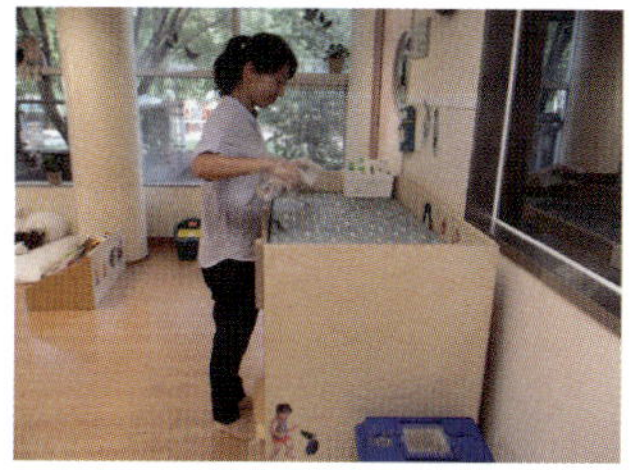

소독용 알코올로 기저귀 갈이대 소독

안전한 기저귀 갈이를 위한 환경

만 1, 2세

- 영아의 손은 닿지 않지만 교사 손이 닿는 반경 이내에 모든 필요 물품을 보관하거나 미리 갖다 둔다.

기저귀 갈이를 위한 교육적 환경

만 1, 2세

- 영아가 기저귀를 가는 동안 놀이할 수 있는 모빌 또는 화보 등의 놀잇감을 준비한다.
- 놀잇감이 있으면 기저귀 갈이를 하는 동안 영아가 놀이할 수 있을 뿐만 아니라 몸을 적게 움직이기 때문에 기저귀 갈이가 용이해진다.
- 영아에게 노래를 불러주거나 기저귀 가는 과정을 설명해 준다.

기저귀 갈이대에 붙인 동화

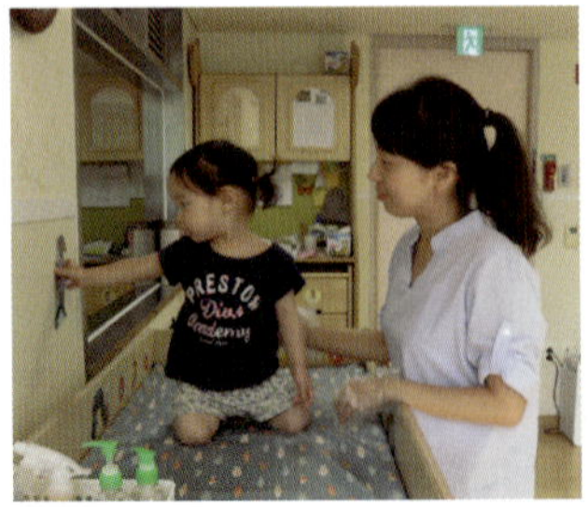

기저귀 갈기 전에 화보 보기

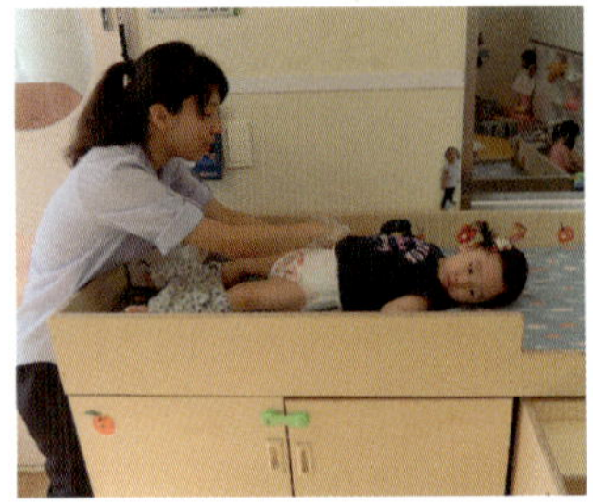

기저귀 갈면서 붙여진 그림 보기

기저귀 갈이 순서

만 1, 2세

① 영아에게 기저귀를 갈 것임을 알린다(예 "○○가 쉬했구나. 기저귀 갈자. 쉬해서 차가우면 불편하니 기저귀 갈자.").

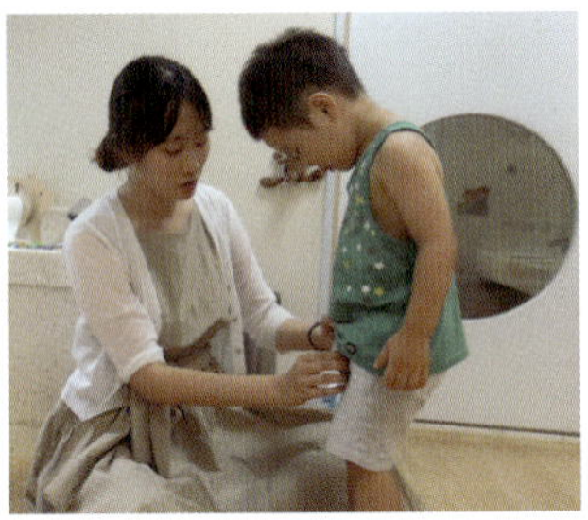

기저귀를 갈 필요가 있음을 알리기

❷ 교사는 손을 씻거나(손을 씻을 경우, 영아에게 기저귀 갈 것임을 알리기 전에 미리 씻는다.) 손 소독제를 이용하여 손을 소독한다.

기저귀 갈이 전 손을 깨끗하게 씻기

❸ 갈아 줄 기저귀를 준비한다(영아와 같이 가지러 가거나 익숙해지면 스스로 꺼내오게 한다.).

개별 기저귀 보관함

만 2세: 스스로 기저귀 꺼내오기

❹ 1회용 위생장갑을 끼고 영아의 옷을 내리고, 기저귀를 갈고, 옷을 입힌다.

- 오염 부위를 닦을 때 여아는 요로에서 항문 방향으로 닦는다.
- 만 2세의 경우 오염물이 영아 신체에 묻지 않도록 기저귀를 빼는 건 교사가 하지만 옷을 내리는 건 영아가 할 수 있도록 기다려 준다.
- 영아가 기다리는 시간이 없도록 영아가 자신의 바지를 벗는 동안 교사가 위생장갑을 끼면서 영아의 옷 내리는 행동을 격려해 준다.

- 영아의 기저귀를 벗길 때는 영아가 넘어지거나 기저귀를 밟는 상황이 생기지 않도록 교사의 어깨를 가볍게 잡게 하여 안정적인 자세를 유지할 수 있도록 한다.

만 1세: 기저귀 갈아주기

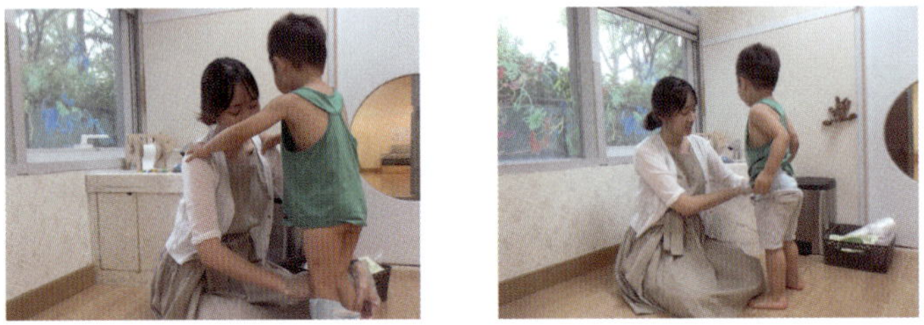

만 2세: 기저귀 갈아주기

⑤ 1회용 비닐에 사용한 기저귀를 담은 후 묶어서 뚜껑 있는 휴지통에 버린다.

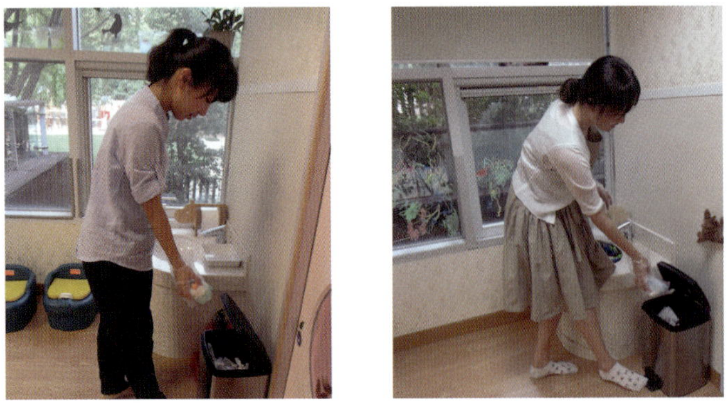

사용한 기저귀를 뚜껑이 있는 휴지통에 버리기

❻ 기저귀 갈이대를 사용할 경우, 소독제를 사용해서 소독한다.

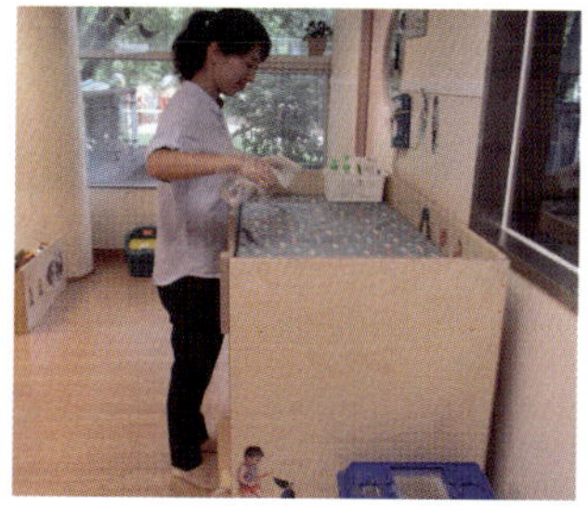

사용 후 기저귀 갈이대 소독하기

❼ 1회용 위생장갑을 휴지통에 버린다.

❽ 교사의 손을 씻는다(연속해서 기저귀를 갈 때는 소독액을 사용하여 소독할 수 있다.).

기저귀 갈이 후 깨끗하게 손 씻기

화장실

만 3, 4, 5세

- 여아와 남아가 공동으로 사용하는 화장실인 경우 프라이버시를 지킬 수 있도록 문이나 커튼 등을 활용해 안 보이도록 한다.

여아 화장실

남아 화장실

세면대

만 3, 4, 5세

- 손 씻기 지도 참조

휴지/ 물휴지

만 3, 4, 5세

- 휴지를 준비해서 스스로 뒤처리를 할 수 있는 유아가 사용한다.
- 물휴지를 준비해서 대변을 보았을 경우 교사가 1차로 닦아줄 때 사용한다.

배변 훈련 및 용변 처리 능력 기르기

만 1~2세 영아가 기저귀 갈이와 배변 훈련에 참여하고, 만 3~5세 유아가 용변을 스스로 처리하는 능력 기르기에 대한 최종 목표를 달성하기 위해 연령별로 다음의 사항을 고려하여 지도한다.

① 요의/ 변의 표현하기

② 필요한 물건 가져오기

③ 옷 내리기/ 올리기

④ 기저귀 갈기

⑤ 기저귀 떼기

⑥ 변기 사용하기

⑦ 화장실 가기

⑧ 용변 후 처리하기

요의/ 변의 표현하기

만 1세

- 영아가 표현하지 못하는 월령일 때는 교사가 기저귀를 살펴 용변 여부를 알아내고 기저귀 갈자는 제안을 한다.
- 영아의 표정을 보고 기저귀 갈자는 제안을 한다.
- 일정한 시간 간격을 두고 주기적(예 등원 1시간 후/ 낮잠 전)으로 기저귀를 간다.

만 2세

- 영아의 행동(예 기저귀 만지기/ 걸음걸이)을 보고 기저귀 갈자는 제안을 한다.
- 월령이 증가하면 영아가 소변 또는 대변을 보았음을 언어적으로 알리도록 격려한다.

필요한 물건 가져오기

만 1세

- 기저귀 갈이에 익숙해지도록 기저귀를 갈 때마다 반복적으로 말해준다(예 "우리 기저귀 먼저 가지러 가자. ○○장에서 기저귀 찾아보자.").
- 기저귀 장의 위치 및 자신의 물건에 대한 인식이 높아지도록 개인장에 갈 때나 기저귀를 찾을 때 영아가 스스로 찾아볼 것을 지속적으로 제안한다.

만 1세: 영아가 스스로 기저귀 찾아보게 하기

만 2세

- 1학기 초에는 교사와 함께 가서 스스로 기저귀를 꺼내게 한다.
- 1학기 중반 이후에는 영아가 자신의 장에 가서 기저귀를 가지고 오게 지도한다.

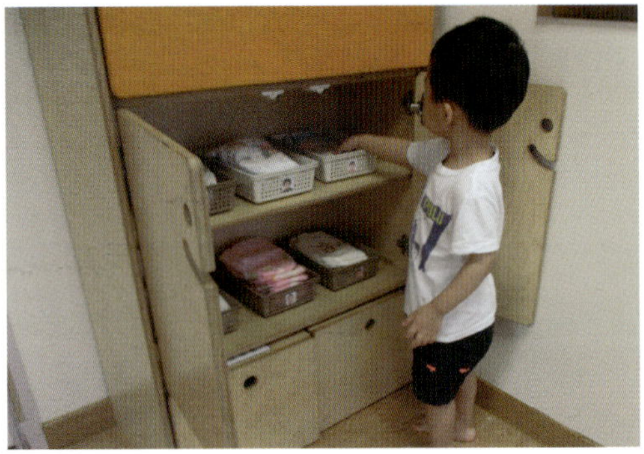

만 2세: 영아가 스스로 기저귀 찾아오기

옷 내리기/ 올리기

만 1세

- 교사가 해주면서 언어적으로 지원한다(예 "이제 누워서 바지를 내리자. 이제 다 갈았으니 옷을 올리고 가서 놀자.").

만 2세

- 헐렁한 옷은 스스로 내리고 올리게 하고 교사가 마무리를 도와준다.

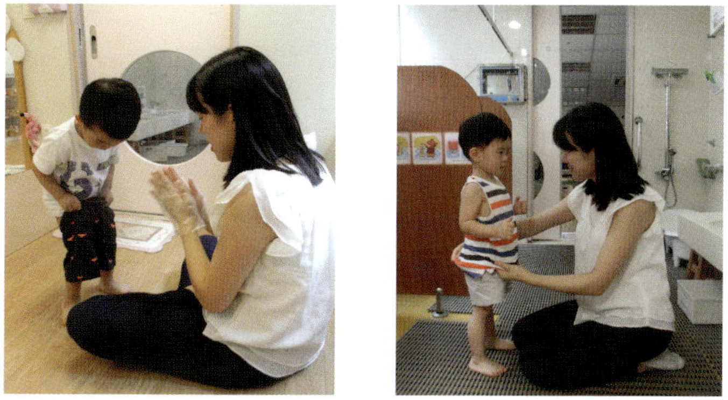

영아가 스스로 올려보고 마무리만 도와주기

기저귀 갈기

만 1세

- 따뜻하고 우호적인 분위기에서 기저귀를 갈아준다(예 “○○가 쉬를 했구나. 빨리 갈고 놀자.”).
- 냄새에 찡그리거나 더러운 표정을 짓지 않도록 주의한다.
- 기저귀를 갈면서 놀이할 수 있도록 모빌, 그림, 작은 놀잇감을 쥐어 주거나 교사가 노래/ 이야기를 해준다.

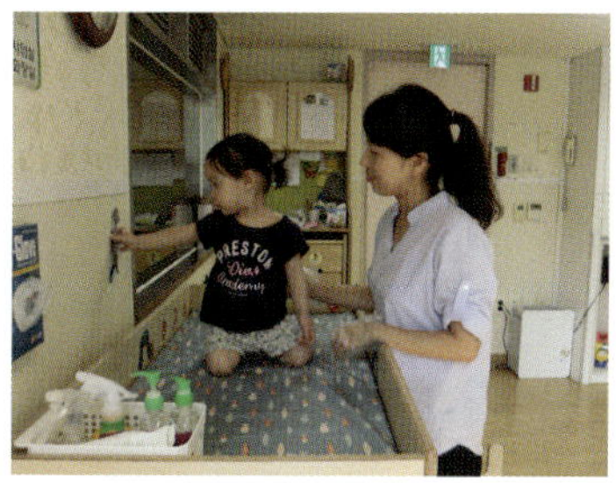

기저귀 갈이대 주변에 매력적인 환경 제공하기

- 기저귀를 갈면서 교사의 행동이나 그 행동의 목적을 언어로 표현해 준다(예 "이제 기저귀 뺄게. 시원하지? 몸을 들어봐. 기저귀를 채워줄게.").

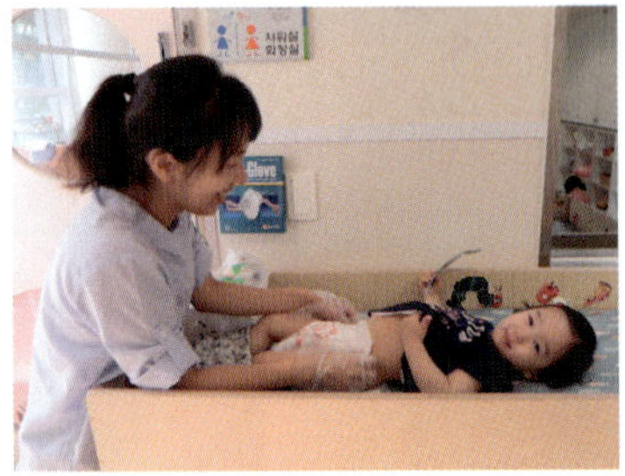

기저귀 갈기에 대해 영아에게 이야기해 주기

- 교사가 말하면 영아가 몸을 움직여 보도록 격려한다(예 "누워봐. 엉덩이를 들어봐.").
- 용변은 만지지 않는 것임을 이해하게 지도한다(예 "만지면 손이 더러워져. 아무도 못 만지게 꼭꼭 싸서 버리자.").
- 1학기 중반 이후는 기저귀를 간 후 누워서 옷을 올리지 말고 서게 한 후 올린다.

누워서 갈아준 후 일어나서 올려주기

서서 기저귀 갈기

만 2세

- 팬티형 기저귀를 사용할 만큼 성장하면 대근육 협응력이 어느 정도 발달하므로 소변 본 기저귀는 서서 갈아준다.
- 영아가 교사의 어깨를 짚고 서서 팬티형 기저귀를 입고 올리게 격려한다.

서서 팬티형 기저귀 갈기

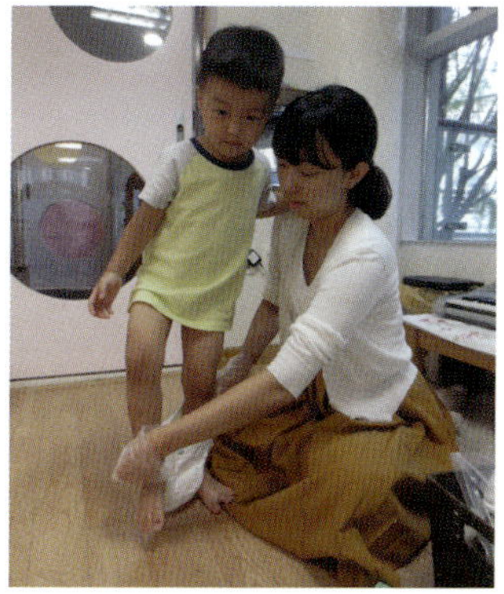

교사의 어깨에 손을 짚고 기저귀 갈기

기저귀 떼기

만 2세

- 관찰을 통해 영아가 기저귀를 뗄 준비가 됐는지 확인한다(예 변기의 기능 이해, 2~3시간 정도 대 · 소변을 참기, 대 · 소변 가리기에 대한 의사표현, 자발적으로 변기를 사용하려는 의지).
- 일정한 시간 간격으로 기저귀를 갈아야 하는지 영아에게 묻는다.
- 기저귀를 착용한 채 일정한 시간 간격으로 변기에 소변 보기를 시도한다.
- 배변 간격이 길어지면 기저귀를 간 후 팬티를 착용하고 지내보게 한다.

• 일정한 시간 간격으로 소변기에 데리고 가서 소변을 시도해 보게 한다(개별 영아마다 대변 가리기, 소변 가리기의 순서가 다를 수 있다.).

팬티 착용을 시도하기

변기에 소변 보기를 시도하기

변기 사용하기

만 1세

• 만 1세 후반에는 훈련용 변기를 활동실에 두고 놀잇감으로 사용해서 친숙해지게 한다.

놀잇감으로 훈련용 변기를 내어주기

훈련용 변기를 탐색하며 놀이하기

만 2세

- 훈련용 변기를 실제 변기 옆에 두고 같은 기능을 하는 것이라는 것을 알게 도와준다.
- 영아가 변기에 대한 두려움이 크므로 배변 훈련과 관련된 책, 노래, 놀잇감으로 익숙해지게 도와준다.
- 기저귀를 뗀 후 익숙해질 때까지 교사가 화장실에 같이 가서 지켜보며 필요한 도움을 준다.
- 소변 후 영아가 처리하는 방법을 알려준다.
- 대변 후에는 교사가 물로 씻겨주고 영아에게 수건으로 물기를 닦도록 한다.

배변 훈련과 관련된 놀이하기

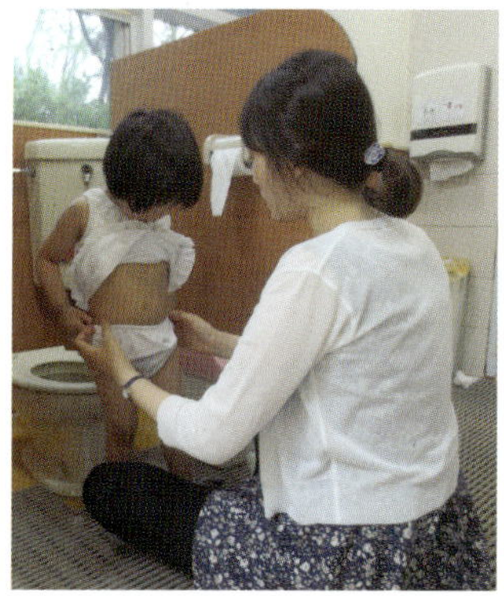

교사가 지켜보며 필요한 도움주기

화장실 가기

만 3, 4세

- 교사가 주기적으로 보내는 시간 외에도 개인적 필요에 따라 화장실에 가도록 지도한다.
- 소변과 대변을 구분하여 말하도록 지도한다.
- 대집단 활동 시에는 손을 들어 요의를 표현하도록 지도한다.
- 화장실에 갈 때는 교사에게 말하고 가고 도움이 필요할 때 부르도록 지도한다.
- 소변의 경우 만 3세 중반부터, 학급 내에 화장실이 있을 때는 교사에게 말하지 않고 다녀오도록 지도한다.
- 대변의 경우 원활한 용변 후 처리를 위해 교사에게 말하고 다녀오도록 지도한다.

만 5세

- 개인적 필요에 따라 교사에게 말하고 가도록 지도한다.
- 정확한 어휘를 사용하여 요의나 변의를 표현하도록 지도한다(예 "소변 보러 다녀올게요.", "대변 보러 다녀올게요.").
- 화장실을 가기 어려운 상황(예 교사와 집단 활동할 때)을 예상하고 많이 마렵지 않아도 소변을 미리 볼 수 있도록 지도한다.

용변 후 처리하기

만 3, 4세

- 만 3세의 경우, 소변을 본 후 처리하는 방법을 알려주고 스스로 처리하도록 격려한다(예 물 내리기/ 손 씻기/ 옷 잘 입기).
- 적절한 양의 휴지를 사용하도록 지도한다.
- 용변 후 화장실 안에서 옷을 입고 나오도록 지도한다.
- 만 4세의 경우, 대변을 본 후 교사가 물휴지로 1~2번 닦아주고 유아가 스스로 처리하도록 방법을 알려주고 격려한다.

만 5세

- 대변 후 뒤처리하는 방법을 소집단 또는 개별적으로 알려준다.
- 1학기 초에는 교사가 물휴지로 한 번 닦아주고 유아가 휴지를 접어 닦고 버릴 수 있게 지도한다.
- 익숙해지면 물휴지를 유아 손이 닿는 곳에 비치하고 사용 후 휴지통에 버리도록 지도한다.
- 학기 말에는 휴지를 사용하여 대변 후 뒤처리를 하도록 지도한다.
- 화장실에서의 예절(예 노크하기, 한 줄 서기, 화장실이 붐비면 밖에서 기다리기, 물 내리고 다시 살펴보기 등)을 지도한다.

낮잠 및 휴식 지도

- 낮잠 및 휴식 지도에 대한 이해
  - 목표
  - 연령별 지도와 유의점

낮잠 및 휴식에 적절한 환경

- 개별 침구 보관장
- 개별 침구
- 요(매트)
- 활동실 밝기 및 습도
- 음악
- 낮잠 및 휴식 전 반복 일과

낮잠 및 휴식을 위한 능력 기르기

- 이 닦기 및 손 씻기
- 옷 입고 벗기
- 낮잠 및 휴식 준비하기
- 낮잠 자기 및 휴식하기
- 낮잠 및 휴식 후 자리 정리하기
- 주말에 이불가방 가져가기

낮잠 및 휴식 지도에 대한 이해

목표

낮잠 및 휴식 지도는 쉬어야 하는 필요성 이해하기와 스스로 낮잠 및 휴식을 준비하는 능력 기르기의 두 가지 목표를 가지고 진행한다.

① 쉬어야 하는 이유에 대한 이해
정기적으로 쉬어야 하는 이유에 대한 이해

② 스스로 낮잠 및 휴식을 준비하는 능력
낮잠 및 휴식 준비부터 일어나 정리하기의 모든 과정을 스스로 할 수 있는 능력

연령별 지도와 유의점

낮잠 및 휴식의 최종 목표를 달성하기 위해 연령별로 다음의 사항을 고려하여 지도한다.

만 1세

특성

- 집이 아닌 환경(기관)에서 낮잠 자는 습관을 형성하는 초기 단계이다.
- 영아에 따라 낮잠 자는 시간이 다르나 대략 2시간 30분 정도 잔다.
- 낮잠 잘 때 보이는 습관(예 애착물의 필요성, 자기 전 울거나 깨어서 울기, 잠들기까지의 시간, 특정 자세)의 개인차가 크다.

교사의 역할

- 초기에는 교사가 낮잠 준비부터 정리의 전 과정을 맡아서 하고 점차 영아가 베개와 이불을 장에서 꺼내 가도록 지도한다.
- 자신의 침구(예 이불, 베개)가 있는 자리를 찾아 눕도록 지도한다.
- 영아가 낮잠 잘 때 보이는 습관에 따라 개별적으로 지도한다.

만 2세

특성

- 학기 초가 지나면 기관에서 낮잠 자는 것에 익숙해지는 단계이다.
- 영아에 따라 낮잠 자는 시간이 다르나 대략 2시간 정도 잔다.
- 낮잠 잘 때 보이는 습관(예 애착물의 필요성, 자기 전 울거나 깨어서 울기, 잠들기까지의 시간, 특정 자세)의 개인차가 급격히 줄어든다.

교사의 역할

- 낮잠을 준비하고 정리하는 과정에 영아가 점차적으로 참여하도록 지도한다.
- 교사가 매트를 깔아주면 영아가 자신의 침구를 가지고 오도록 하고 이 과정에서 적절한 도움을 준다.
- 교사가 낮잠 후 침구 정리를 맡아서 하고 영아가 일부 역할(예 베개 가져다 두기, 이불 갤 때 잡기 등)을 맡아서 하도록 지도한다.

만 3, 4세

특성

- 낮잠 및 휴식의 전 과정을 이해하고 적극적으로 참여할 수 있는 능력이 생긴다.
- 유아에 따라 낮잠 자는 시간이 다르나 대략 1시간에서 1시간 30분 정도 잔다.

교사의 역할

- 교사가 매트를 깔아주면 유아가 스스로 자신의 침구를 가져와 낮잠 잘 준비를 할 수 있는데, 도움이 필요한 소수의 유아만 개별적으로 지도한다.
- 만 3세의 경우 학기 초에는 각 유아의 낮잠 습관에 따라 개별적으로 지도한다.

만 5세

특성

- 낮잠 및 휴식의 전 과정을 이해하고 주도적으로 참여할 수 있는 능력이 생긴다.
- 유아에 따라 낮잠을 자지 않고 책을 보거나 누워서 쉬기만 하기도 하고 1시간 내외의 낮잠을 자기도 한다.

교사의 역할

- 매트를 까는 것에서부터 낮잠 후 침구를 개서 개인장에 정리하는 것까지의 전 과정을 유아가 하도록 지도한다.
- 낮잠을 자지 않고 쉬기만 하는 유아가 낮잠 자는 유아를 방해하지 않도록 방안을 마련하고 지도한다(예 교실이나 복도에 장소를 마련해 그림 그리기, 퍼즐 맞추기, 책 읽기를 할 수 있도록 하기).

낮잠 및 휴식에 적절한 환경

낮잠 및 휴식의 두 가지 목표 달성을 위해 준비할 환경은 다음과 같다.

① 개별 침구 보관장

② 개별 침구

③ 요(매트)

④ 활동실 밝기 및 습도

⑤ 음악

⑥ 낮잠 및 휴식 전 반복 일과

개별 침구 보관장

만 1, 2, 3, 4, 5세

- 영유아의 개인 침구를 개별적으로 보관할 수 있는 공간을 마련하여 서로의 침구가 섞이지 않도록 한다.

개별 침구 보관장

개별 침구

만 1, 2, 3, 4, 5세

- 베개와 이불은 개별적으로 준비하도록 하고 개별 장에 보관한다.

요(매트)

만 1, 2, 3, 4, 5세

- 기관에서 준비한 매트를 사용하나 개별 영유아용 매트 덮개를 깐다.
- (영아) 매트에 그림 등으로 표시하여 영아가 자신의 매트를 쉽게 찾을 수 있도록 한다.

개별 매트 구별하는 표시

활동실 밝기 및 습도

만 1, 2, 3, 4, 5세

- 커튼이나 블라인드를 내리고 복도의 불을 꺼서 안정적인 분위기를 조성한다.
- 건조한 계절에는 가습기 등을 이용하여 적절한 습도를 유지한다.

낮잠 및 휴식을 위한 어두운 활동실

낮잠 및 휴식을 방해하지 않는 어두운 복도

음악

만 1, 2, 3, 4, 5세

- 외부에서 들리는 소음이 클 경우 자장가나 조용한 음악을 틀 수 있으나 너무 크게 틀지 않도록 하고 모두 잠들면 소리를 더 낮춘다.

낮잠 및 휴식 전 반복 일과

만 1, 2, 3, 4, 5세

- 책 읽어주기, 녹음된 동화 들려주기, 음악 듣기, 낮잠 기도 듣기 등은 영유아의 연령과 학급 영유아의 선호에 따라 적절히 실시한다.
- 만 5세반의 경우 유아가 책을 읽어주거나 낮잠 기도를 하며 낮잠 준비를 할 수 있다.

잠들기 전까지 교사가 책 읽어주기

낮잠 및 휴식을 위한 능력 기르기

이 닦기, 씻기, 옷 벗고 입기, 자리 깔기, 낮잠 자기, 자리 정리하기의 전 과정을 스스로 할 수 있도록 한다. 낮잠 및 휴식의 전 과정을 스스로 준비하는 최종 목표를 달성하기 위해 연령별로 다음의 사항을 고려하여 지도한다.

① 이 닦기 및 손 씻기

② 옷 입고 벗기

③ 낮잠 및 휴식 준비하기

④ 낮잠 자기 및 휴식하기

⑤ 낮잠 및 휴식 후 자리 정리하기

⑥ 주말에 이불가방 가져가기

이 닦기 및 손 씻기

만 1, 2, 3, 4, 5세

- 이 닦기 및 손 씻기 참조

옷 입고 벗기

만 1, 2, 3, 4, 5세

- 옷 입고 벗기 참조

낮잠 및 휴식 준비하기

만 1세

- 교사가 모든 낮잠 및 휴식 준비를 해준다.
- 학기가 진행되면 자신의 베개나 이불을 장에서 찾아오게 하거나 찾아서 매트 위에 놓게 한다.

자기 베개 스스로 가져오기

만 2, 3, 4세

- 교사가 매트를 깔아주고, 영유아가 베개나 이불을 장에서 찾아와서 펴도록 지도한다.
- 만 3세의 경우 옷차림이 가벼워지는 여름부터 양말 접어 정리하기, 옷 접어 정리하기 등을 순차적으로 지도한다.

만 2세

만 4세

만 5세

• 유아가 매트 깔기부터 스스로 하도록 지도한다.

매트 직접 깔아 낮잠 및 휴식 준비하기

낮잠 자기 및 휴식하기

만 1, 2세

• 영아의 특성에 따라 개별적으로 지도한다(예 옆에서 누워 등 두드리기, 안아서 등 두드려 주기, 안아주기, 노래 불러주기).

만 1세: 옆에서 재워주기

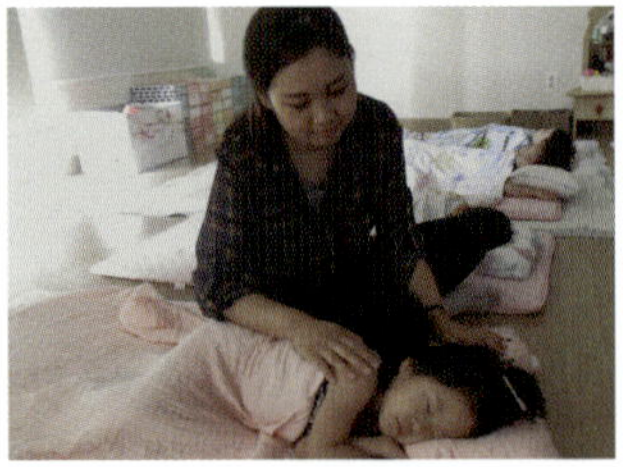

만 2세: 등 두드려 주기

만 2세: 옆에 누워 토닥여주기

- 영아의 개인 애착물을 적극 활용한다.

애착물 가지고 낮잠 자기

- 낮잠 및 휴식 전 활동으로 자장가나 조용한 음악을 주로 활용한다.
- 이불 놀이, 인형 재우기 놀이 등으로 낮잠 및 휴식에 대한 긍정적인 인식을 유도한다.

만 3, 4, 5세

- 유아를 개별적으로 지도하기보다는 전체 유아를 대상으로 낮잠 및 휴식하기를 지도한다.
- 만 3세에는 개인 애착물을 활용하나 만 4세 이후에는 원하는 유아만 활용하도록 지도한다.
- 연령이 증가하면서 개인 애착물 없이 잘 수 있도록 지도한다.

교사가 책 읽어주기

- 낮잠 및 휴식하기 전 활동으로 음악 듣기 이외에 책 읽어주기, 녹음된 동화 듣기 등도 할 수 있다.

낮잠 및 휴식 후 자리 정리하기

만 1세

- 1학기에는 교사가 정리해 준다.
- 2학기부터는 매트와 침구를 정리하는 데 영아가 참여하도록 권유한다.

영아의 도움 받아 교사가 침구 정리하기

- 자신의 베개를 장에 넣도록 지도한다.

영아가 개인장에 직접 베개 정리하기

만 2세

- 1학기 중반부터는 영아 스스로 매트를 접어보거나 이불을 개는 시도를 하게 지도한다.

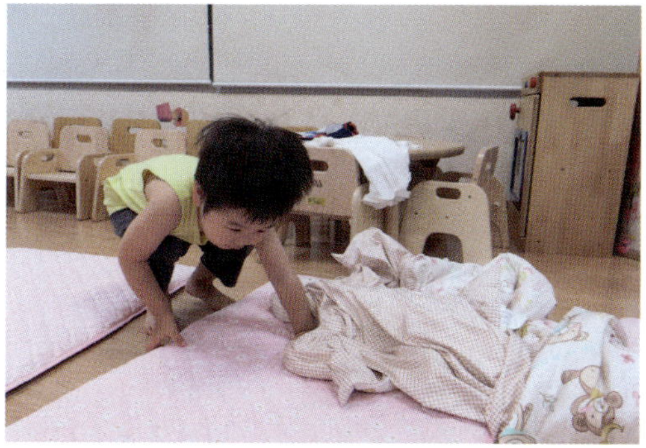
영아가 직접 매트 접어보기

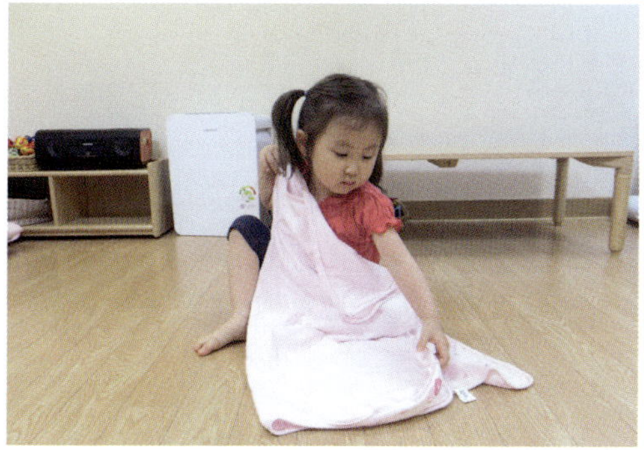
이불 대충 개어보기

- 2학기에는 영아가 매트를 접어서 교사에게 가져다주고, 이불과 베개는 자신의 장에 넣게 지도한다.

이불과 베개 개인장에 정리하기

영아가 직접 매트 개어 교사에게 주기

만 3세

- 학기 초부터 유아가 매트를 접어 교사에게 가져다 주도록 지도한다.
- 이불을 제대로 정리하는 방법을 익히도록 지도한다. 이불이 클 경우 유아가 개기 적당한 크기까지 교사가 개어준다.

교사와 유아가 함께 이불 개기

만 4, 5세

- 스스로 정리 못하는 유아만 교사가 개별적으로 돕거나 유아끼리 서로 돕도록 지도한다.

유아끼리 도와 이불 개기

- 만 4세 2학기 후반부터는 일정한 시간 내에 신속히 정리하도록 지도한다.
- 침구뿐만 아니라 외모도 단정히 정리(예 머리 빗기, 옷 단정히 입기)하도록 지도한다.

자고 일어나 외모 단정히 하기

주말에 이불가방 가져가기

만 1세

- 학기 초에는 교사가 정리해주나 점차 이불가방에 관심을 갖고 영아가 베개나 자신의 물건을 넣어보도록 지도한다.

교사의 도움 받아 이불가방에 자기 물건 넣어 보기

만 2세

- 교사가 영아와 함께 이불을 개고 교사가 이불가방을 벌려주면 영아가 이불과 베개를 넣도록 지도한다.

교사의 도움 받아 이불가방에 자기 물건 넣기

만 3세

- 유아가 매트 깔개를 혼자 벗기도록 지도한다.
- 유아가 침구를 이불가방에 혼자 넣도록 지도하고 도움이 필요한 유아만 개별적으로 지도한다.

유아 혼자 이불가방에 자기 물건 넣기

만 4, 5세

- 각 주의 상황에 따라 침구뿐만 아니라 이불가방에 넣어야 하는 물건(예 철 지난 여벌 옷)의 목록을 보고 가방을 싸도록 지도한다.
- 만 5세의 경우 정해진 시간 내에 신속하고 제대로 싸도록(예 구겨서 넣지 않기) 지도한다.

목록 보고 이불가방 싸기

구겨진 이불 다시 꺼내어 개기

정리 · 정돈 지도

● 정리 · 정돈 지도에 대한 이해

* 목표
* 연령별 지도와 유의점

정리 · 정돈에 적절한 환경

- 적절한 크기의 장
- 적절한 크기의 용기
- 적절한 소재의 용기
- 적절한 모양의 용기
- 정리할 자리 표시 사용의 자제
- 정리 · 정돈의 빈도

스스로 정리 · 정돈하는 능력 기르기

- 교사의 지원 정도
- 증진시켜야 할 개념/ 능력

영역의 특성을 고려한 정리 · 정돈 전략

- 쌓기놀이 영역
- 역할놀이 영역
- 언어 영역
- 수 · 조작놀이 영역
- 과학 영역
- 미술 영역
- 음률 영역

정리 · 정돈 지도에 대한 이해

목표

정리 · 정돈은 자신에게 부여된 책임 완수와 스스로 정리 · 정돈하는 능력을 기르는 두 가지 목표를 가지고 진행한다.

① 자신에게 부여된 책임 완수
자신이 놀이한 놀잇감을 정리하는 책임을 다하는 태도

② 스스로 정리 · 정돈하는 능력
정리 · 정돈하는 방법을 알고 스스로 정리하는 능력

연령별 지도와 유의점

정리 · 정돈의 최종 목표를 달성하기 위해 연령별로 다음의 사항을 고려하여 지도한다.

만 1세

특성

- 자신이 놀이한 놀잇감을 치워야 한다는 인식과 치우는 방법에 대한 이해가 거의 없다.

교사의 역할

- 놀잇감 정리 · 정돈의 대부분을 교사가 담당한다.
- 교사는 언어나 시범을 통해 영아에게 치울 것을 권유하고 1~2가지 놀잇감을 치우도록 지도한다.

만 2세

특성

- 놀이한 후 치워야 한다는 것에 대한 기초적인 인식은 있으나 적극적으로 참여하거나 정해진 자리에 잘 치우는 능력은 아직 미약하다.

교사의 역할

- 영아가 적극적으로 참여하도록 다양한 방법(예 치울 놀잇감이나 치울 장소 알려주기)으로 지도한다.
- 많이 어질러진 영역(예 미술 영역)은 교사가 적극적으로 도와준다.

만 3세

특성

- 자신이 놀이한 놀잇감을 치워야 한다는 인식과 치우는 방법에 대한 이해가 생기나 복잡한 방식으로 정리 · 정돈(예 숟가락과 젓가락/ 컵과 컵받침을 치울 장소가 지정된 경우)하는 데는 어려움이 있다.

교사의 역할

- 모든 유아가 정리 · 정돈에 참여할 수 있도록 치우기 싫어하는 유아를 중심으로 지도하고 정리에 적극적으로 참여하는 유아를 지속적으로 칭찬한다.
- 정리 · 정돈 방식을 단순화(예 같은 유형의 놀잇감을 한 바구니에 담기)해서 쉽게 정리 · 정돈하고 성취감을 느낄 수 있도록 지도한다.
- 효율적으로 정리 · 정돈할 수 있는 전략(예 큰 놀잇감부터 치우기/ 부서지거나 고장 나지 않게 치우기)을 사용하도록 지도한다.

만 4세

특성

- 책임에 대한 개념과 치우는 방법에 대한 이해가 확고히 생긴다.

교사의 역할

- 모든 유아가 정리 · 정돈에 참여할 수 있도록 치우기 싫어하는 유아를 중심으로 지도한다.
- 일정한 시간 내에 빠르게 정리하도록 격려한다.

만 5세

특성

- 책임에 대한 개념이 생기고 스스로의 방식으로 정리 · 정돈하는 능력이 있다.

교사의 역할

- 모든 유아가 일정한 시간 내에 효율적으로 정리하도록 지도한다.
- 정리 · 정돈 방식을 유아가 결정하도록 지도한다.

정리 · 정돈에 적절한 환경

정리 · 정돈 지도의 두 가지 목표 달성을 위해 준비할 환경은 다음과 같다.

① 적절한 크기의 장

② 적절한 크기의 용기

③ 적절한 소재의 용기

④ 적절한 모양의 용기

⑤ 정리할 자리 표시 사용의 자제

⑥ 정리 · 정돈의 빈도

적절한 크기의 장

만 1, 2, 3, 4, 5세

- 정리할 놀잇감이 충분히 들어갈 만한 크기의 장을 준비한다.
- 연령이 낮을수록 정해진 공간에 용기를 효율적으로 넣기 어려우므로 넉넉한 넓이의 장을 준비한다.

적절한 크기의 용기

만 1, 2, 3, 4, 5세

- 정리할 놀잇감이나 교재교구의 특성에 맞는 크기의 용기(예 조작놀이 교구는 쟁반 또는 놀잇감이 담겼던 상자/ 쌓기놀이 영역의 놀잇감은 깊이가 있는 바구니)를 준비한다.

깊이가 있는 천으로 된 바구니

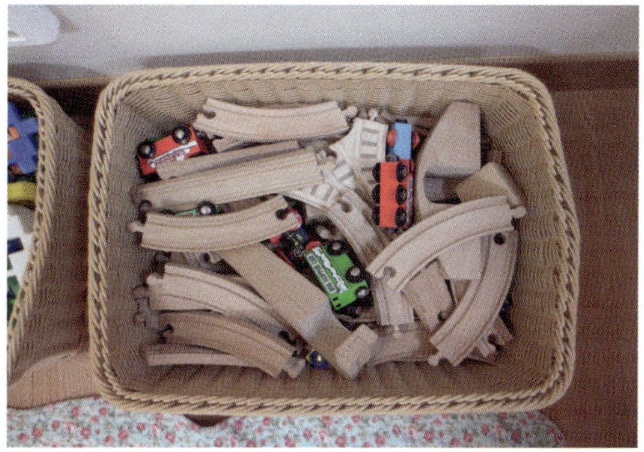

깊이가 있는 바구니

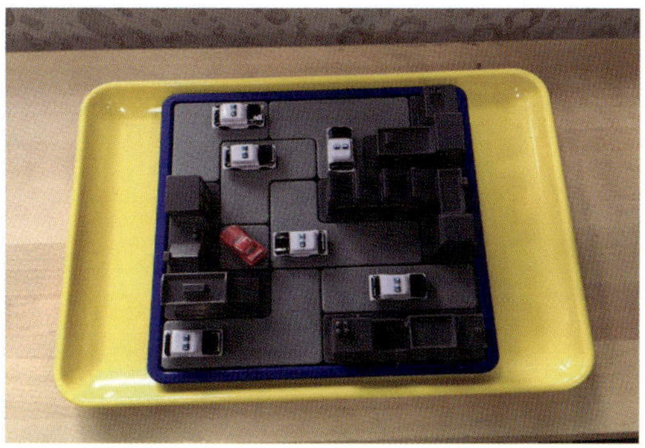

쟁반

적절한 소재의 용기

만 1, 2, 3, 4, 5세

- 플라스틱 바구니보다는 가정과 같은 편안한 환경을 조성할 수 있는 재료로 만들어진 용기를 준비한다.

천으로 된 바구니와 나무 바구니

천으로 된 바구니

나무 바구니

적절한 모양의 용기

만 1, 2, 3, 4, 5세

- 사각 플라스틱 바구니나 사각 쟁반 이외에 정리할 놀잇감이나 교재교구의 특성에 맞는 모양의 용기를 준비한다(예 색공이나 구슬 종류를 투명한 꽃 모양 그릇에 담아 그 자체가 실내 장식의 용도가 되도록 하는 것).

역할 놀잇감의 특성에 맞춘 용기

투명한 병

역할 놀잇감(빵) 특성에 맞춘 용기

정리할 자리 표시 사용의 자제

만 1, 2, 3, 4, 5세

- 정리 · 정돈의 최종 목표는 사용자의 목적에 맞게 정리 · 정돈하는 장소와 방법을 결정하는 것이다.

각기 다른 위치에 적합하게 정리된 찬장의 예시

- 정리할 자리와 정리할 물건을 짝지을 수 있도록 같은 표시를 붙여주는 것은 유아가 정리 · 정돈을 기계적, 수동적으로 하게 할 뿐이며, 주도적으로 정리 · 정돈할 능력을 함양하는 데 도움이 되지 않으므로 사용을 자제한다.

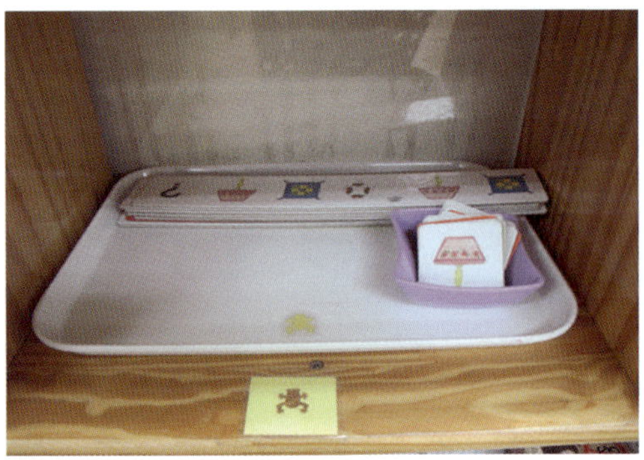

자리 표시된 곳에 정리

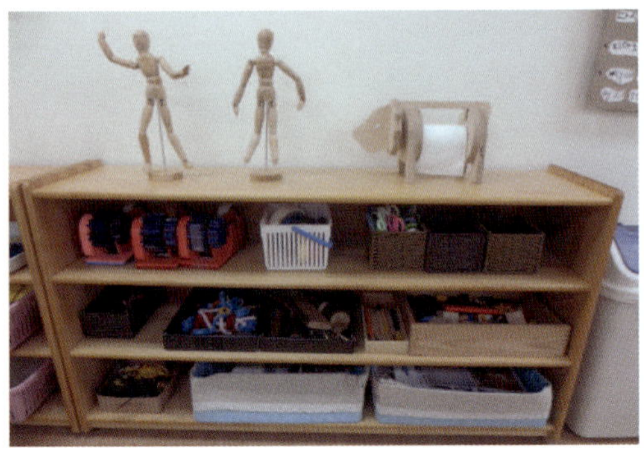

자리 표시 없이 정리

- 치울 물건의 사진, 옆에서 보는 모양, 그림자 등을 이용해서 자리 표시를 해주는 것은 물건이 보이는 방향에 따라 어떻게 달라지는지에 대한 개념 발달에는 도움이 되나 많은 물건을 따로 정리해야 하므로(예 자동차가 10개이면 각각의 자리 표시 필요) 시간이 많이 소요된다. 또한 영유아의 연령에 따라 적용하기 어려우므로(예 영아는 사진을 붙여주어도 크기가 다르기 때문에 인식하지 못하는 경우 있음/ 그림자는 만 4, 5세 유아에게만 사용할 수 있음) 영유아의 연령과 치울 물건의 수를 고려해서 사용한다.

모양 그림자대로 블록 정리

정리한 교구 사진대로 정리

- 자리 표시는 생활주제와 일관성 있게 선택(예 생활주제 '가족'에서는 가족이 사용하는 물건 그림으로 자리 표시)되는 경우가 많으나 유아가 자리 표시를 통해 생활 주제와 관련된 내용을 학습한다는 학술적 증거가 없다.
- 자리 표시를 활용해 정리 · 정돈하는 것은 1:1 대응 개념만 있으면 이해할 수 있는 전략이므로 만 3세 이상의 유아의 발달 수준을 고려할 때 수준 낮은 전략이다.

정리 · 정돈의 빈도

만 1, 2, 3, 4, 5세

- 정리 · 정돈의 횟수는 특히 연령이 어릴수록 최소화한다.
- 교사는 다음에 이어지는 활동의 특성을 고려해서 정리 · 정돈이 필수적으로 필요한지 판단한다(예 잠깐 모여 앉을 때는 모여 앉을 자리만 치우게 한다./ 다른 장소로 이동했다 다시 실내 자유선택 활동을 할 계획이면 정리 · 정돈하지 않는다./ 공간의 여유가 있다면 유아가 보존하기 원하는 쌓기놀이 영역의 구성물은 그대로 두고 낮잠을 위한 매트를 배치한다.).

영아반

유아반

스스로 정리 · 정돈하는 능력 기르기

영유아가 스스로 정리 · 정돈할 수 있는 능력을 갖도록 교사는 영유아의 발달에 따라 지원 정도와 증진시켜야 할 개념/ 능력을 결정한다.

① 교사의 지원 정도

② 증진시켜야 할 개념/ 능력

교사의 지원 정도

만 1세

- 정리 · 정돈에 대한 개념, 놀이 후 정리해야 한다는 개념, 정리해야 하는 장소에 대한 개념이 없으므로 교사가 정리 · 정돈의 대부분을 맡아서 한다.
- 지속적으로 '치워야 함'을 알리고 1~2개를 치워보게 한다.
- 치우게 할 때는 치우는 이유, 다음에 이어지는 활동, 치우는 장소에 대한 이해가 촉진되도록 지도한다(예 "다 놀았으니 치우자.", "치우고 점심 먹자.", "이 자동차를 저 바구니에 담자.").
- 교사가 영아를 적극적으로 도와준다(예 영아의 손을 잡고 함께 가서 치우기).

놀잇감 손에 주며 제안하기

함께 정리하기

손잡고 함께 가서 치우기

만 2세

- 정리 · 정돈 시간이 되기 전에 예고를 해서 마음 준비를 하게 한다(예 "아주 조금만 더 있다 치울거야.").
- 놀려고 하는 영아에게 치우는 이유(예 "치워야 산책갈 수 있어.")를 지속적으로 설명한다.
- 치울 장소를 모르는 영아에게 구체적으로 알려준다(예 "인형이 있는 바구니에 갖다 두자.").

정리 장소 알려주기

만 3세

- 가능하면 신속히 정리 · 정돈하도록 격려한다.
- 적극적으로 참여하지 않거나 치울 장소를 모르는 유아를 개별적으로 지도한다.
- 유아가 정리 · 정돈할 수 있으나 치울 것이 지나치게 많은 영역(예 미술 영역/ 역할놀이 영역)은 교사가 정리 · 정돈을 돕는다.

만 4, 5세

- 유아가 정리 · 정돈을 신속하고 효율적으로 할 수 있도록 언어적으로 지원한다(예 만 4세의 경우, “시계 바늘이 5에 갈 때까지 정리하자.”, 만 5세의 경우, “10분 내에 정리해 보자.”).
- 정리 · 정돈이 효율적으로 되지 않을 경우 학급에서 진행되는 활동(예 흥미 영역별로 정리 · 정돈 방법에 대한 아이디어 모으기)과 연계하여 지도한다.
- 특정 영역의 치우기를 담당하는 유아를 정해서 정리 · 정돈한 후 평가의 시간을 통해 개선 방법을 생각하도록 지도한다.

증진시켜야 할 개념/ 능력

만 1세

- 놀이 후 치워야 한다.
- 계속해서 놀고 싶어도 치워야 한다.
- 싫어도 치우기에 참여해야 한다.

만 2세

- 하루에 몇 번의 치우기 시간이 있다.
- 하루 일과 중 정기적으로 치우는 시간이 있다(예 점심 먹기 전).
- 치우기에 참여해야 한다.
- 치워야 하는 놀잇감을 놓는 장소가 있다.
- 계속해서 놀고 싶어도 치워야 한다.

만 3세

- 정리 · 정돈이 포함된 하루 일과의 흐름(예 어떤 활동을 하기 전에 치워야 함)을 이해한다.
- 치우기의 책임은 유아에게 있고, 교사는 도와준다.
- 정해진 장소에 정리 · 정돈을 해야 한다.

만 4세

- 치우기의 책임은 유아에게 있다.
- 놀이 중간에 필요에 따라 정리 · 정돈할 수 있다.
- 수리가 필요한 놀잇감을 골라낸다.
- 공간의 크기를 고려해 놀잇감을 정리 · 정돈한다.

만 5세

- 정리 · 정돈할 위치와 방법을 스스로 결정할 수 있다.
- 정리 · 정돈은 깔끔히 하고 수리가 필요한 놀잇감이나 필요 없는 놀잇감을 선별할 수 있다.

영역의 특성을 고려한 정리 · 정돈 전략

자리 표시를 사용하지 않고도 영유아가 스스로 정리 · 정돈하는 능력을 함양할 수 있도록 각 영역별로 다음의 전략을 사용할 수 있다.

① 쌓기놀이 영역

② 역할놀이 영역

③ 언어 영역

④ 수 · 조작놀이 영역

⑤ 과학 영역

⑥ 미술 영역

⑦ 음률 영역

쌓기놀이 영역

- 같은 크기와 모양끼리 쌓아야 효율적으로 정리되는 쌓기 블록(예 유닛 블록/ 종이벽돌 블록)은 밑그림만 붙여준다.

밑그림으로 자리 표시

역할놀이 영역

- 역할놀이 영역은 정리 · 정돈할 교구가 매우 많은 영역이므로 특히 영유아의 연령을 고려하여 정리 · 정돈 방법을 제안한다.
- 연령이 어릴수록 같은 용도의 역할놀이 용품을 한 곳에 담는다(예 인형/ 부엌용품/ 화장품을 각각 한 바구니에 담아 정리한다.).

한 바구니 안에 모두 함께 정리

- 연령이 높아지면서 같은 종류의 용품도 2~3가지로 분류하여 담는다(예 인형을 사람과 사람이 아닌 종류로 나눠 담음/ 부엌용품을 식사용품과 그릇으로 나눠 담음).

종류별로 분류하여 바구니에 정리

- 만 5세의 경우 그 영역을 담당한 유아의 방식대로 정리하게 격려한다.

유아의 생각대로 매일 다르게 정리

언어 영역

- 책이 겹쳐지지 않게 정리한다.
- 아래 칸의 책이 위 칸의 책을 가리지 않도록 큰 책은 위 칸에 정리한다.

제목이 잘 보이지 않게 꽂힌 책꽂이

제목이 잘 보이게 꽂힌 책꽂이

- 책꽂이에 꽂거나 바구니에 담아 정리할 경우 책의 제목이 보이게 정리한다.

책등이 보이지 않게 꽂힌 책 바구니

책등이 보이게 꽂힌 책 바구니

수 · 조작놀이 영역

- 쟁반 또는 교구가 담긴 상자가 겹쳐지지 않게 교구장에 넣는다.

좁은 공간에 정리하여 겹쳐진 교구

여유 있게 정리한 교구

- 교구장의 넓이와 정리할 교재교구의 크기를 고려하여 위치를 정한다.

여유 있게 정리할 수 있는 공간

- 정리 용기의 사용은 최소화한다(예 상자에 담긴 교구를 쟁반 위에 올려 정리하지 않는다.).

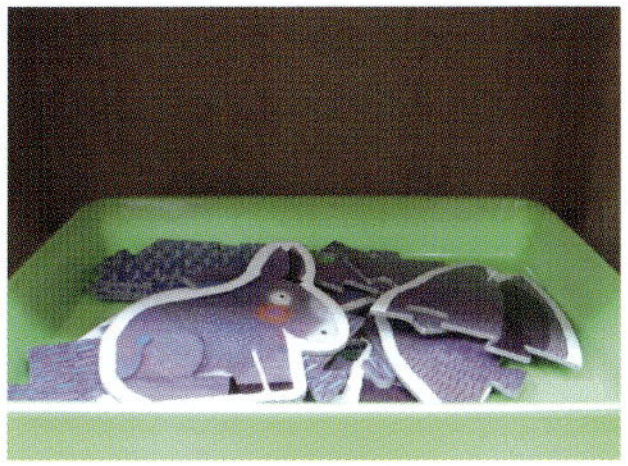

쟁반에 정리한 교구

상자에 넣어 교구장에 정리한 교구

영아반 장에 정리한 교구

과학 영역

- 과학 영역은 교재교구를 꺼내서 놀이하기보다는 그 영역 내에서 놀이하는 경우가 많으므로 과학 영역의 교재교구 사용이 효율적이 되도록 배치한다(예 관찰할 것, 관찰할 때 사용하는 도구, 책처럼 찾아올 것과 관련된 자료 및 기록할 서식을 인접해서 배치함).

과학 영역

미술 영역

- 그리기 자료나 풀/ 가위 등의 도구는 정리통에 넣게 하고 정리통은 장에 자유롭게 정리하게 한다.
- 꾸미기 자료는 투명한 통에 담아 내용물이 보이게 하고, 쓰고 남은 자료는 다시 통에 넣도록 한다.

종이 정리장

투명 보관함

꾸미기 자료 정리

투명 보관함에 정리한 미술용품

음률 영역

- 바구니에 담아 정리할 경우 손상되는 악기는 자리 표시를 활용한다.
- 유아의 경우, 악기의 특성에 따라 악기를 분류해서 정리할 표시나 공간을 마련하고 악기 유형별로 나눠서 정리하게 한다(예 리듬악기 vs. 멜로디악기; 리듬악기 중 채의 활용 여부에 따라 분류).

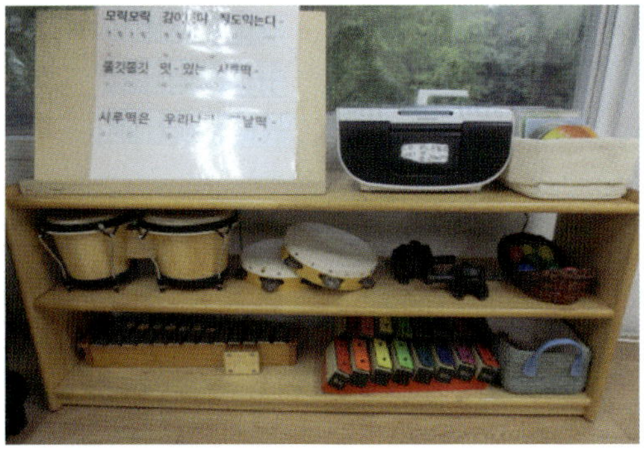

리듬악기와 멜로디악기 분류

같은 종류의 악기를 정리함에 담아 정리

전이 지도

- 전이 시간에 대한 이해
  - 목표

전이 시간에 교사가 사용할 수 있는 교수학습 전략

- 신속한 연계
- 안정감 있는 연계
- 안전한 연계

전이 시간에 대한 이해

목표

- 전이는 하나의 활동에서 다른 활동으로 이어지는 중간의 시간을 의미한다. 전이 시간을 '전이 활동'으로 서술하는 경우도 있으나 전이는 '활동'이 아니라 '활동'과 '활동'을 이어주는 다리의 역할을 하므로 '전이 시간'으로 인식함이 옳다.
- 전이 시간은 '활동' 시간이 아니므로 전이 시간에 할 활동을 따로 준비해서 전이 시간이 길어지게 하는 일이 없도록 한다.
- 전이 시간은 신속한 연계, 안정감 있는 연계, 안전한 연계의 세 가지 목표를 가지고 진행한다.

① 신속한 연계

한 활동에서 다른 활동으로 이어지는 시간을 가능한 짧게 한다.

② 안정감 있는 연계

영유아가 한 활동에서 다른 활동으로 이어지는 시간 동안 불안감을 느끼지 않게 한다.

③ 안전한 연계

한 활동에서 다른 활동으로 이어지는 시간 동안 안전사고가 나지 않도록 한다.

전이 시간에 교사가 사용할 수 있는 교수학습 전략

전이 시간이 신속하고, 안정감 있고, 안전하게 진행될 수 있도록 교사는 다음의 사항을 고려하여 지도한다.

① 신속한 연계

② 안정감 있는 연계

③ 안전한 연계

신속한 연계

교수학습 전략

- 전이가 신속히 이루어짐은 '시간적으로 빨리 이루어짐' 이상을 의미한다.
- 신속한 연계는 시간을 효율적으로 사용하여 기다리는 전체 영유아의 시간이 최소화된 상태에서 전이가 이루어지는 것이다.

- 전략 1: 다음 활동을 준비하는 데 시간이 오래 걸리는 영유아부터 시작하게 한다.
  - 옷을 갈아입거나 신을 신을 때 능숙하지 않아 시간이 많이 걸리는 영유아부터 시작하게 한다.
  - 입거나 신기 어려운 옷 또는 신발(예 단추가 많은 옷/ 끈을 묶어야 하는 신)을 입거나 신은 영유아부터 시작하게 한다.
  - 활동 후 치울 것이 있는 영유아(예 게임 후, 동극 후 자료)부터 시작하게 한다.

- 화장실을 다녀와야 하는 영유아부터 시작하게 한다.
- 자유선택 활동을 마치고 정리 · 정돈 후 이동하는 경우, 놀이를 마무리할 것이 있는 영유아를 나중에 시작하게 해서 여유시간을 허용한다.
- 컨디션이 좋지 않아 스스로 하기 힘들어하는 영유아를 교사가 일부분 도와주거나 먼저 시작하게 한다.

- 전략 2: 이동하는 통로를 막을 가능성이 있는 영유아부터 시작하게 한다.
  - 출입구 근처에 있어서 나가는 영유아에게 방해가 될 경우 먼저 시작하게 한다.
  - 교구장 근처에 있어서 나가는 영유아에게 방해가 될 경우 먼저 시작하게 한다.
  - 화장실에 가는 영유아끼리 동선이 엉키지 않도록 화장실 근처에 앉은 영유아부터 먼저 이동하게 한다.
  - 의자를 정리할 때 바닥에 앉은 영유아가 다치지 않도록 바닥에 앉은 영유아부터 먼저 이동하게 한다.

- 전략 3: 전이에 시간이 오래 소요되는 영유아가 있는 경우 먼저 준비를 끝낸 영유아와 교사가 할 수 있는 간단한 놀이를 준비한다. 모든 영유아가 준비되면 진행하던 놀이를 자연스럽게 빨리 마무리하고 이동한다.
  - 모든 영유아가 준비될 때까지 화장실을 다녀와서 바깥신을 찾아 신은 영유아를 데리고 간단한 손유희, 배운 노래 부르기, 짧은 동화 읽어주기를 한다.

엘리베이터 기다리는 동안 노래하기

안정감 있는 연계

교수학습 전략

- 다음 활동을 위해 영유아가 어떤 일을 해야 할지 분명히 알게 하는 것을 의미한다.
- 전이 시간 자체가 중요한 시간임을 인식하게 하는 것을 의미한다.

- 영아 교사가 사용할 수 있는 전략: 영아는 교사와 항상 함께 이동하므로 무엇을 하기 위해 현재 단계의 일을 하는지 지속적으로 안내한다.
  - 떠날 때(또는 전이 시작): "놀이터에 갈 거니까 화장실에 다녀 오자./ 놀이터에 갈 거니까 바깥신을 찾자. 바깥신 신고 놀이터에 가서 놀자."
  - 중간: "부지런히 걸어가서 놀이터에 가서 놀자. 너무 늦게 가면 앞에 가는 선생님이 안 보이니 부지런히 가자."
  - 다른 장소에 도착(또는 전이 종료): "점심을 먹어야 하니 화장실에 가서 손을 깨끗하게 닦자."
  - 떠날 때: "산책을 갈 거니까 퍼즐을 정리하고 가자. 산책 갈 때는 실내화 말고 아침에 신고 온 바깥신을 신자. 바깥신을 들고 엘리베이터 앞에 서자. 선생님처럼 바깥신을 손으로 잘 잡고 서자."
  - 중간: "부지런히 가서 나뭇잎을 줍자. 너무 늦게 가면 위험하니까 부지런히 길을 건너자."
  - 다른 장소에 도착: "산책 다녀와서 더우니까 물을 마시고 다시 놀이하자. 물을 마시기 전에 화장실에서 먼저 손을 깨끗하게 씻자."

- 유아 교사가 사용할 수 있는 전략 1: 한 명의 교사가 지도하기도 하는 유아 학급의 경우, 교사가 모든 유아와 항상 함께 이동하는 것은 아니므로 한 장소를 떠날 때, 중간, 다른 장소로 이동해서 유아가 어떻게 행동해야 하는지에 대해 분명한 안내를 한다.
  - 떠날 때(또는 전이 시작): "화장실 다녀와서 신발장 앞에 바깥신을 들고 줄을 서자."
  - 중간: "바깥신을 신고 바깥문 앞에서 2명씩 줄을 서자."
  - 다른 장소에 도착(또는 전이 종료): "교실에 들어가면 이야기 나누기를 할 수 있도록 의자를 가져와서 쌓기놀이 영역에 앉자."
- 유아 교사가 사용할 수 있는 전략 2: 전이 시간도 중요한 배움의 시간임을 유아가 인식하게 한다.
  - 여유 있는 태도로 진행하지만 시간을 효율적으로 활용하여 신속하게 진행한다.
  - 전이 중에 유아가 해야 할 일을 완벽히 해야 다음 단계로 넘어감을 알린다(예 "정리 · 정돈을 제대로 해야 시청각실로 갈 수 있어.", "실내화를 잘 정리해야 교실에 들어갈 수 있어.").

실외놀이 나가기 위해 바깥신 준비 안내

화장실 다녀온 후 줄 서서 이동 준비하기

안전한 연계

교수학습 전략

- 장소의 이동이 포함된 전이 시간 동안 영유아의 안전이 보장되는 것을 의미한다.
- 전략: 모든 영유아가 교사의 시선 안에 있도록 동선을 계획한다.
  - 모든 영유아를 볼 수 있도록 교사가 뒷걸음으로 걷는다.
  - 줄을 서기 시작할 때는 줄의 시작점에 교사가 서서 활동실 안에 남은 영유아를 보고, 줄이 길어지면 교사가 뒤로 점차 물러서서 줄을 길게 만들어 간다.
  - 엘리베이터를 타고 내릴 때는 교사가 엘리베이터 문 앞에 서서 제일 늦게 타고 제일 먼저 내린다(열림 버튼을 지속적으로 누른 상태에서).
  - 예상되는 안전사고가 있을 경우 미리 조심하도록 알린다(예 "문턱이 있으니 조심하자.", "내리막길이니 천천히 걷자.").
  - 두 명 이상의 교사가 있을 경우 한 교사는 맨 앞에서 전체 영유아를 보며 움직이고, 다른 교사는 맨 끝에서 걸음이 느리거나 대열에서 많이 이탈한 영유아의 이동을 도와준다.

이동시 교사의 위치

참고문헌

근로복지공단(2010). 직장보육시설 영아교사 전문성 향상 프로그램: 영아발달을 고려한 일상생활지도.

김희진(2014). 유아교육기관에서의 영유아 평가: 발달과 교육적 지원을 위한 첫걸음. 서울: 파란마음.

김희진 · 김언아 · 홍희란(2004). 영아를 위한 프로그램의 이론과 실제. 서울: 창지사.

김희진 · 박은혜 · 신은수 · 이지현(2010). 미래지향적 유치원 교육과정 개발 방향 설정을 위한 소고. 육아지원연구, 5(1), 105-128.

Harms, T., Clifford, R., & Cryer, D. (2006). *Infant/ Toddler Environment Rating Scale: Revised edition*. Teachers College Press.

Schwartz, L., & Copeland, M. (2013). 발현적 유아교육과정과 표준의 연계. (박은혜 · 신은수 · 김희진 · 이지현 역). 서울: 학지사.

저자소개

김희진
이화어린이연구원 원장, 이화여자대학교 유아교육과 교수

김현주
이화어린이연구원 원감

김언경
이화어린이연구원 수석교사

만 1세반 교사
김소리 · 김지은 · 김진선 · 나혜욱 · 박하연 · 최혜윤

만 2세반 교사
김래희 · 김미선 · 김은지 · 배주형 · 송정아 · 윤진주 · 임서연 · 한산섬

만 3세반 교사
라지영 · 성민주 · 이가원 · 이세영

만 4세반 교사
박혜림 · 손지현 · 이주은 · 허지영

만 5세반 교사
권수경 · 이초원

이화여자대학교 이화어린이연구원 총서 1
영유아교육기관에서의 일상생활 지도 - 독립적인 시민으로 키우기 위한 교육의 첫걸음

초판 1쇄 인쇄 2016년 3월 22일
초판 4쇄 발행 2023년 8월 1일

지은이_ 김희진 외 26인
펴낸이_ 황호철
펴낸곳_ 도서출판 파란마음
주소_ 10097 경기도 김포시 김포대로926번길 88-27, 227동 1401호
전화_ (031) 992-7679 | 팩스_ 0508-900-2212
홈페이지_ http://paranmaum.co.kr/
등 록_ 2006년 4월 24일 · 제409-3020000251002006000024호

ISBN 978-89-97982-38-7 93370
값 15,000원